철대 배신하지 않는
돈의 습관

철대 배신하지 않는

돈의 습관

우용표 지음

북클라우드

월급으로 시작해도
불안하지 않은 재테크

회사에 부푼 꿈을 안고 첫 출근을 했던 날을 잊지 못한다. 세상을 다 가진 것 같았고, 명함을 돌리면서 내가 이런 사람이라고 당당하게 이야기할 수 있을 것 같았다. 그리고 학생 때 못 해본 모든 것을 할 수 있으리라 생각했다. 집도 사고, 자동차도 사고, 멋진 옷을 입으면서 말 그대로 폼나게 살 수 있으리라 기대했다. 그러한 나의 기대는 일부는 맞았고 일부는 틀렸다. 교육받고, 부서 배치를 받느라 정신없이 한 달이 지나고 업무가 조금씩 익숙해지자, 회사 선배들의 삶이 눈에 들어오기 시작했다. 같은 직급인데 어떤 선배는 멋있게 살고 있고, 어떤 선배는 전세가격이 오른다는 고민에 생활비가 부족하다는 하소연까지 회식자리 때마다 들려주고는 했다.

직장에 다니면 돈 때문에 고민할 일은 없을 것이라 생각했다. 회사에서 꼬박꼬박 월급이 나오고 저축만 잘하면, 평생 걱정 없이 살 수 있다는 부모님의 말씀을 기억하고 있었기 때문이다. 그래서 나는 일단 사원 시절에는 부담 없이 인생을 즐기면서 여유롭게 돈을 쓰며 살다가 결혼하고 나서 돈을 아껴 쓰리라고 계획을 세웠다. 그리고 그 계획대로 살아온 결과, 마이너스 통장과 몸뚱아리 하나 가지고 신혼살림을 시작해야 했다.

내 재무 상태는 심각했지만 자각은 늦게 왔다. 2005년, LG디스플레이 수출팀에서 근무하던 어느 날 평상시처럼 야근을 하다가 배가 견딜 수 없이 아파서 응급실에 가게 되었다. 진통제를 팔에 꽂고 있는 동안 응급실에서 드라마 속 익숙한 대사, "내 몸은 내가 잘 알아"를 들을 수 있었다. 술에 잔뜩 취한 아저씨가 친구의 부축을 받고 왔는데, 의사선생님이 "아저씨, 지금 갈비뼈 부러지신 거예요. 치료 안 받으시면 큰일나요"라고 이야기하는데도 불구하고 그 취객은 내 몸은 내가 잘 안다고 고래고래 소리를 지르면서 치료를 거부했다.

뻔히 치료가 필요한 상황으로 보이는데도 본인은 아니라고 우기는 것, 재테크에서도 이런 풍경은 낯설지 않다. "내 몸은 내가 잘 알아" 대신 "내 통장은 내가 잘 알아"라고 대사만 약간 바꿔보자.

　매일 아침 세수를 하고 나서 거울을 볼 때, 어제보다 하루 더 나이를 먹은 내가 보인다. 시간이 더 지나면 더 나이든 내가 보일 것이다. '어제 보람차게 하루를 보냈는가?' 하는 마음속 물음에 어떤 때엔 자신 있게 그렇다는 대답이 나오고, 또 어떤 때엔 대답을 못하고 죄 없는 머리만 긁적이게 된다. 이렇게 하루가 지나고 한 달이 지나 오늘의 내가 있다. 오늘의 모습이 당신이 그려온 모습과 닮아 있는가? 만일 그렇지 않다면 어딘가 치료가 필요한 상황이다. 어디가 문제인지도 모른 채 살아지는 대로 살아갈 수는 없다.

　필자는 달달한 말을 싫어한다. 꿈을 가지고 간절하게 바라면 어느새 부자가 되어 있을 것이라는 류의 이야기도 하지 않는다. 대신 주어진 상황에 대해 냉정하게 판단해보고 현 상황에서 가장 적절한 판단이 무엇인지를 고민하는 편이다. 베토벤은 귀가 안 들리게 되었을 때에도 작곡을 했다. 그냥 간절히 귀가 들리기를 원하는 데서 그친 것이 아니다. 나 역시 그러하다. 힘든 상황이 오면 해결책을 찾는다. 아무것도 안 하고 바라기만 하는 것은 답이 아니다. 돈이 많았으면 좋겠다고 간절히 바라는 것은 넘쳐나는 로또 구매자들로 족하다.

　이 책을 집필하면서 계속 염두에 두었던 것은, 재테크를 해야 하는 상황인 것도 알고 노후가 중요한 것도 알겠는데 정작 어디서부터 손을 대야 할지 답이 잘 안 나온다고 고민하는 사람들에게 어떻게 하면 가장 쉽고 간편하게 해법을 찾아줄까 하는 것이었다.

특히 무조건 아껴야 잘 산다거나, 무조건 대박 날 상품을 잘 고르면 된다는 식의 접근이 아니라 돈을 어떻게 관리해야 하는지, 그리고 어떻게 좋은 소비 습관을 가질 수 있는지에 대해 연구했다.

습관을 만들기는 힘들다. 돈 모으는 습관을 붙이기는 더욱 어렵다. 그래서 작심삼일로 끝나는 자신의 의지박약함 때문에 재테크에 재미를 못 붙이는 분들을 위해 준비한 책이다. 자신의 의지가 아니라 돈의 습관으로 굴러가는 시스템을 마련했다. 『절대 배신하지 않는 돈의 습관』은 물이 흐르듯, 돈의 흐름을 만드는 방안에 중점을 두었다. 단지 월급만 받는 것이 아니라 월급으로 모아둔 돈을 잘 관리하여 향후에 이자 또는 부동산 임대료를 받고, 다시 이러한 수입이 또 다른 수입으로 연결되는 선순환 구조를 이 책을 통해 탄탄히 다지시기 바란다.

저자 우웅표

 **CONTENTS**

PART 03

소비의 늪에서 어떻게 탈출할까?

PART 04

지금 당장 버려야 할 나쁜 돈의 습관

PART 05

지금부터 다시 시작하는 착한 돈의 습관

PART 06

1 · 2 · 3단계 절대 통장 시스템을 구축하라

 **PART 07**

돈이 따라붙는 삶을 살아라

Absolute Savings

예금이나 적금, 펀드, 부동산 어디에서도 열매를 잘 맺을 만한 좋은 씨앗을 찾기 어렵다.
농사는 지어야 하고, 땅은 척박하고 씨앗도 좋아 보이지 않는 이중고,
삼중고가 우리 앞에 놓인 현실이다. 그렇다고 농사를 안 지을 수도 없다.
물가는 계속 오르고 있고 나라에서 살기 좋은 노후생활을 보장해주는 것도 아니니까.

남는 것도 없는데
재테크해야 할까?

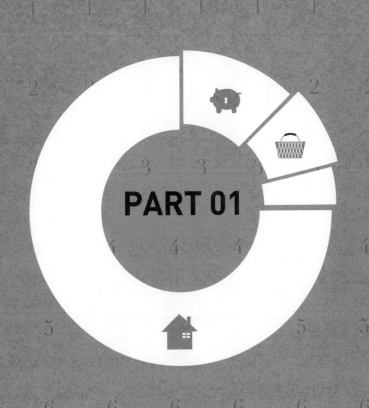

PART 01

Chapter 01

성장의 한계는
재테크의 종말?

재 테크를 하기 쉽지 않은 세상이다. 뉴스에서 들리는 소식이
란 은행이 예·적금 금리를 낮춘다거나 펀드의 수익률이
떨어지고 있다는 우울한 것들뿐이다. 부동산도 아파트 가격이 1년 만에
몇 천만 원에서 심하게는 몇 억 원씩 떨어진다는 소식만 들린다. 물가는
어떤가? 내 월급 빼고 모든 게 올랐다는 농담이 더 이상 농담으로 들리지
않는다. 그래서 재테크를 제대로 하겠다는 굳은 결심을 가지고 있어도 실
제 통장에 남는 돈도 없고, 어떻게 해야 이 악순환이 멈출지 모르겠고, 도
무지 그 방법을 찾기가 어렵다고 사람들은 필자에게 하소연한다. 그러다
가 경제가 좋아지면 그때 시작해도 괜찮지 않겠느냐며 막연히 문제가 해
결되기를 기다리는 사람도 적지 않다.

과거엔 재테크를 할 만한 아이템들이 많았다. 군인들이 정치하던 시절엔 땅값이 몇 배가 오르기도 하고, 길게 줄서서 아파트 모델 하우스 앞에서 기다리다가 당첨되기만 하면 웃돈을 얹어서 그 자리에서 바로 팔 수 있던 시절도 있었다. 가깝게는 한창 중국 주식이 좋다 하던 시절, 차이나, 브릭스(BRICs)라 이름 붙은 펀드에 돈을 넣으면 매일매일 수익률이 올라서 주머니가 든든하게 느껴지던 때도 있었다.

이제는 그렇게 좋던 시절이 지나고 재테크가 어렵기만 한 불황기로 접어들고 있다. 그렇다. 지금은 재테크의 과도기다. 대체 왜 이렇게 되었을까?

성장의 한계에 부딪히다

2007년 말에 불어온 미국발 금융위기는 그 위력이 강력했다. 몇 개의 금융회사가 파산하는 선에서 마무리되었다면 좋았겠지만 불행히도 그렇지 않았다. 지구 반 바퀴 거리에 있는 우리나라도 금융위기의 영향을 받아 아직까지 회복을 못하고 있는 상황이다.

미국이 그리 되었으니 희망을 걸어볼 곳은 유럽인데, 유럽도 그리 좋아 보이지 않는다. 그리스를 비롯해 재정위기를 겪는 다른 유럽 국가들에 구제 금융을 하네 마네 아직까지 이러고 있다.

미국과 유럽이 안 좋으니 중국과 일본이라도 좋으면 다행일 텐데, 여기도 좋은 뉴스는 찾아보기 힘들다. 중국은 한때 세계의 공장, 세계 자원의 블랙홀이라는 별명을 얻을 정도로 생산과 소비가 활발하게 진행되고 경제성장률이 두 자릿수를 기록하고는 했는데, 어느 순간부터는 두 자릿수의 경제성장이 이루어지지 않고 있다. 2008년에 중국 베이징에서 올림픽을 할 때만 해도 '이제 중국이 미국을 따라잡고 앞서 나갈 것'이라는 예측이 많았는데, 그러한 예측들이 맞아떨어지지 않는다. 오히려 '아직 중국은 멀었다' 정도의 이야기만 나온다.

일본은 어떨까? 인위적으로 엔화의 가치를 떨어뜨려서 수출을 늘리겠다는 정책이 나오고 있다. 그만큼 절실하게 국가 생존의 문제에 매달리고 있다는 증거이리라. 무역 관계에서 엔화 가치 하락은 우리나라의 수출경쟁력을 크게 약화시킨다.

세계지도를 펼쳐놓았을 때 '요새 이 동네는 경기가 좋다'라고 말할 수 있는 지역이 거의 없다. 우리나라도 마찬가지다. 대외의존도가 높은 우리나라는 세계 경제의 영향을 그대로 받고 있는데 전 세계적으로 불황이 계속되면서 우리나라도 불황의 여파에서 벗어나지 못하고 있다.

경기 침체, 지금이 바닥일까?

좋았던 시절을 생각하면 지금의 금융상품들은 눈에 들어오지도 않는다. 옛날엔 5%씩 얻을 수 있던 은행의 이자를 이제는 3%만 받게 된다니 이 얼마나 기가 막힐 노릇인가. 재형저축이 4%를 넘게 준다고 하는데 7년 동안 고이 간직해야 한다. 중도 포기라도 하게 되면 연 1% 정도의 이자만 받게 된다.

펀드의 경우도 비슷하다. 한창 중국 관련 펀드가 잘될 땐 1년 수익률 20~30%를 얻을 수 있었는데 이제 그렇게는 안 되는 상황이다. 부동산은? 아파트 가격이 안 떨어져주기만 하면 아주 다행인 상황이다. 서울 강남의 아파트들도 그렇게 가격이 속절없이 떨어지고 있으니 다른 지역의 아파트 역시 그 영향을 피하기 힘들다.

생각을 바꾸자. 우리가 기억하는 좋았던 상품들은 호황기의 상품들이었다고 냉정하게 봐야 한다. 화려했던 수익률은 아쉽지만 다시 보기 힘든 과거의 모습이다. 주식, 펀드, 부동산에서 공통적으로 '대박'은 사라지고 있다. 이것이 현재의 모습이다.

우리 사회는 지금 호황기를 지나 불황기로 접어들고 있는 과도기다. 사실 과도기라 해도 '불황기에 아주 가까운 과도기'라 할 수 있다. 그래서 재테크 상품들의 기대수익률이 그렇게 낮아지고 있는 것이다. 이 말은 앞으로도 당분간은 재테크로 대박을 얻을 수 있는 가능성 자체가 희박해지고 있으며 은행의 이자율 역시 높아질 일은 기대하기 힘들다는 뜻이다.

여기에 쐐기를 박는 우리 사회의 현상은 바로 베이비붐 세대의 은퇴다. '58년 개띠'로 표현되는 전후 베이비붐 세대의 어르신들이 본격적으로 은퇴하고 있다. 그리고 베이비붐 세대의 은퇴는 여전히 현재진행형이다. 다시 말하면, 지금까지 재테크를 가능하게 했던 두터운 소비와 투자계층이 은퇴를 하면서 호황기에서 불황기로 접어드는 속도를 더 빠르게 만들고 있다.

종합해보면, 현재 상황은 불황기에 근접한 과도기라고 이해해야 한다. 현 상황을 정확히 파악하고 있어야 이에 맞는 대책이 나오고 방안이 나올 수 있지 않겠는가.

기억하자. 과거의 영광은 이미 우리 뒤로 지나갔고 앞으로 맞이하게 될 환경은 낮은 기대수익률이라는 냉정한 분석이 필요하다. 1980년대를 풍미했던 메탈리카의 노래 제목이 있다. 'Sad But True'인데 현 상황을 잘 설명해주는 말이라 여겨진다.

살아남는 것이 강한 것이다

코닥(KODAK)이라는 회사가 있다. 전 세계에서 가장 잘 나가는 카메라용 필름 제조사였는데, 디지털 카메라가 만들어지고 보급되던 시기에 앞으로 디지털 카메라가 많이 보급되면, 필름의 수요는 줄어들 것이라고 생각하지 않고, 우린 세계 제일의 필름 제조회사라는 자부심 하나로 버티다가 회사가 망가졌다.

노키아(NOKIA)라는 회사도 있다. 처음에는 목재를 취급하던 회사에서 시작하여 휴대폰을 제조하는 회사로 성장했는데, 전성기엔 스웨덴 경제를 떠받칠 정도로 기업의 규모가 컸고 나라 안팎으로 존경을 받기도 했다. 그런데 이 회사는 처음 스마트폰이 보급되던 시기에 앞으로 스마트폰이 대세가 된다고 생각하지 않고 기존 형태의 전화기만 만들다가 휘청이고 있다.

앞서 예로 든 것은 시장의 흐름을 제대로 읽어내지 못한 기업의 사례이지만 개인에게도 적용될 수 있지 않을까? 조금씩 주위 환경이 변하고 있는데, 좋았던 시절만 기억한다거나 아무것도 준비하지 않는다면, 쇠퇴해가는 기업처럼 개인도 쇠퇴할 확률이 점점 높아진다.

달라진 재테크 환경을 파악하고 이에 맞는 생존 방법과 재테크 활동을 시작해야 한다. 생존을 위해서는 변화에 적응해야 한다. 그래야 살아남는다. 당장 오늘부터라도 달라진 상황에 적응하여 새로이 재테크 전략을 점검하고 계획을 세워야 한다. 그 출발은 재테크 환경이 옛날처럼 그다지 좋지 않다는 냉정한 판단에서 시작될 것이다.

Chapter 02

돈의 흐름이
달라지고 있다

재테크는 농사짓기에 비유할 수 있다. 농사가 잘 되려면 비옥한 땅에 좋은 씨를 뿌려야 한다. 재테크의 관점에서 보면 비옥한 땅은 호황기의 경제 환경, 좋은 씨는 수익률 좋은 상품이라 할 수 있는데, 현재 우리 경제상황은 땅이 비옥하지도 않고 좋은 씨를 뿌릴 수 있는 것도 아니다.

좋은 씨앗에 해당되는 좋은 투자처, 금융상품을 찾아내기가 얼마나 힘들어졌는지 파악해보기로 하자. 필자도 기쁜 마음으로 '이제 안심하시고 투자하시면 부자 됩니다'라는 식의 이야기를 해서 필자도 기분 좋고 독자도 행복하게 만들어 드리고 싶은 마음이 굴뚝같다. 하지만 척박해진 재테크 환경에 대해 이야기함으로써 냉정하게 현실적으로 앞일을 대비할 수 있도록 조언해드리고자 한다. 즐겁지는 않지만 필요한 과정이다.

야박해진 은행 이자율

은행은 뛰어난 안전성이 장점이기 때문에 처음 재테크를 시작하는 사람들이 종자돈을 만들기 위해 이용한다. 은행이 망하지 않는 이상 원금은 지켜지고 여기에 이자도 붙으니 안심할 수 있다. 그런데 은행에서 제공하는 이자가 자꾸만 낮아지고 있다.

하루하루 낮아지는 예금과 적금 금리

잠시 '바뀐 그림 찾기' 게임을 해보자. 〈그림1〉은 2012년 10월의 뉴스

출처 NAVER 검색 화면

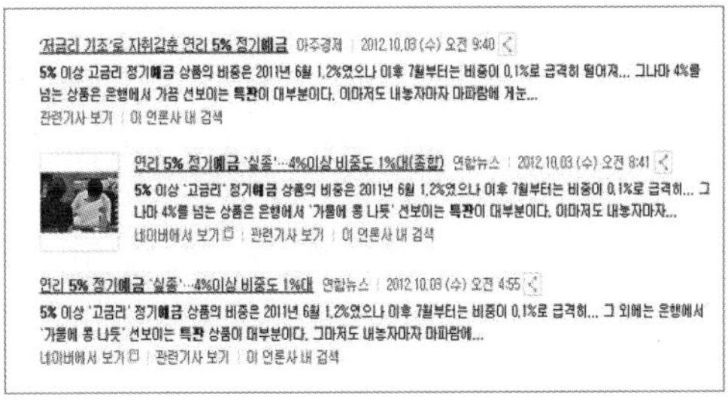

'저금리 기조'로 자취감춘 연리 5% 정기예금 아주경제 | 2012.10.03 (수) 오전 9:40
5% 이상 고금리 정기예금 상품의 비중은 2011년 6월 1.2%였으나 이후 7월부터는 비중이 0.1%로 급격히 떨어져... 그나마 4%를 넘는 상품은 은행에서 가끔 선보이는 특판이 대부분이다. 이마저도 내놓자마자 마파람에 게눈...
관련기사 보기 | 이 언론사 내 검색

연리 5% 정기예금 '실종'…4%이상 비중도 1%대(종합) 연합뉴스 | 2012.10.03 (수) 오전 8:41
5% 이상 '고금리' 정기예금 상품의 비중은 2011년 6월 1.2%였으나 이후 7월부터는 비중이 0.1%로 급격히... 그나마 4%를 넘는 상품은 은행에서 '가뭄에 콩 나듯' 선보이는 특판이 대부분이다. 이마저도 내놓자마자...
네이버에서 보기 | 관련기사 보기 | 이 언론사 내 검색

연리 5% 정기예금 '실종'…4%이상 비중도 1%대 연합뉴스 | 2012.10.03 (수) 오전 4:55
5% 이상 '고금리' 정기예금 상품의 비중은 2011년 6월 1.2%였으나 이후 7월부터는 비중이 0.1%로 급격히... 그 외에는 은행에서 '가뭄에 콩 나듯' 선보이는 특판 상품이 대부분이다. 그마저도 내놓자마자 마파람에...
네이버에서 보기 | 관련기사 보기 | 이 언론사 내 검색

〈그림1〉 2012년 10월의 뉴스 기사

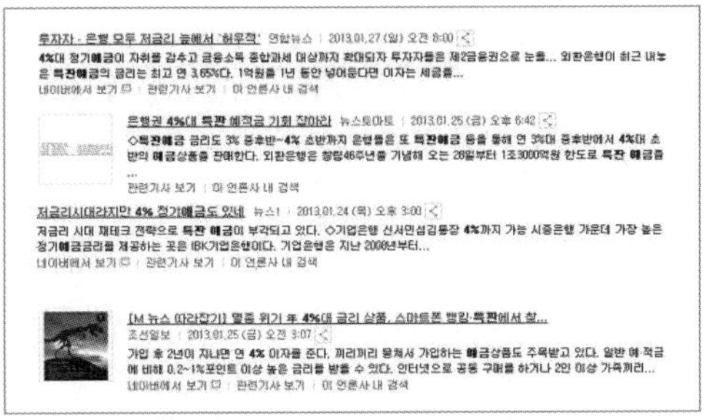

투자자·은행 모두 저금리 늪에서 '허우적' 연합뉴스 | 2013.01.27 (일) 오전 8:00
4%대 정기예금이 자취를 감추고 금융소득 종합과세 대상까지 확대되자 투자자들은 제2금융권으로 눈을... 외환은행이 최근 내놓은 특판예금의 금리는 최고 연 3.65%다. 1억원을 1년 동안 넣어둔다면 이자는 세금을...
네이버에서 보기 | 관련기사 보기 | 이 언론사 내 검색

은행권 4%대 특판 예적금 기회 잡아라 뉴스토마토 | 2013.01.25 (금) 오후 6:42
◇특판예금 금리도 3% 중후반~4% 초반까지 은행들은 또 특판예금 등을 통해 연 3%대 중후반에서 4%대 초반의 예금상품을 판매한다. 외환은행은 창립46주년을 기념해 오는 28일부터 1조3000억원 한도로 특판 예금을
...
관련기사 보기 | 이 언론사 내 검색

저금리시대라지만 4% 정기예금도 있네 뉴스1 | 2013.01.24 (목) 오후 3:00
저금리 시대 재테크 전략으로 특판 예금이 부각되고 있다. ◇기업은행 신서민섬김통장 4%까지 가능 시중은행 가운데 가장 높은 정기예금금리를 제공하는 곳은 IBK기업은행이다. 기업은행은 지난 2008년부터...
네이버에서 보기 | 관련기사 보기 | 이 언론사 내 검색

[M 뉴스 따라잡기] 멸종 위기 年 4%대 금리 상품, 스마트폰 뱅킹·특판에서 찾...
조선일보 | 2013.01.25 (금) 오전 3:07
가입 후 2년이 지나면 연 4% 이자를 준다. 끼리끼리 뭉쳐서 가입하는 예금상품도 주목받고 있다. 일반 예·적금에 비해 0.2~1%포인트 이상 높은 금리를 받을 수 있다. 인터넷으로 공동 구매를 하거나 2인 이상 가족끼리...
네이버에서 보기 | 관련기사 보기 | 이 언론사 내 검색

〈그림2〉 2013년 2월의 뉴스 기사

기사 모음이고 〈그림2〉는 2013년 2월의 뉴스 기사이다.

어떤 그림이 바뀌었는지 눈치챘는가? 2012년 말에는 5%의 정기예금 상품이 사라진다고 하더니만 몇 달 지나지 않아 2013년 1월 말에는 4%의 특판 예·적금을 잡아야 한다는 기사가 나온다. 조금 과장하자면 신문기사의 잉크가 채 마르기도 전에 말이다.

또 그로부터 얼마 지나지 않아 2013년 2월, 설날을 보낸 후 각 경제신문에는 은행금리 4% 시대가 끝난다는 기사가 일제히 나왔다. 내용을 살펴보면 각 시중은행에서 판매하는 예금과 적금의 이자율이 4%선에서 3%대 후반으로 무너졌다는 것이다. 1월 말에 4% 특판을 잡으라고 하더니 한 달도 안 지나서 4%가 끝나버렸다는 보도다. 마음의 준비를 하기도 전에 은행의 이자율이 마구 떨어지게 된 것이다.

처음 스마트폰이 보급될 때 인기 있던 스마트폰 전용 통장의 경우, 고객을 유치하기 위한 마케팅 차원에서 은행창구에서 가입하는 것보다 1~2%의 추가적인 이자를 얻을 수 있었으나 2013년이 되면서 이러한 혜택들도 모두 사라졌다.

스마트폰 전용 통장에 적용되던 나름의 혜택을 없앤 것이다. 처음 스마트폰 전용 통장을 만들 때 예금자로 하여금 자신이 최첨단 기기 사용자이면서 남들보다 이자도 더 받는 실속파라는 자부심을 심어주던 상품은 이제 더 이상 그러한 자부심을 주지 못한다.

🐷 1~2% 추가 이자를 주는 미끼 상품

3% 금리가 대세인 상황에서 어떤 상품들은 4% 넘는 금리를 제공한다는 소식을 전한다. 반가운 마음에 상품 내용을 살펴보지만, 곧 실망하게 된다. 상품 내용을 간단하게 보면 이렇다. 원래의 금리는 3% 후반 수준인데 여기에 우대금리를 적용받으려면 통장을 월급 통장으로 지정하고 자사의 신용카드를 한 달에 얼마 이상 사용해야 한다는 조건이다. 그러면 특별히 은혜를 베풀어서 4% 넘는 파격적인 금리를 제공하겠다는 내용인데, 이런 저런 조건을 다 맞추려 하면 짜증이 폭발할 지경이다.

과거의 영광이 되어버린 펀드

펀드 투자가 갑자기 유행이 되던 2007년은 기록적인 한 해였다. 중국에 투자하는 펀드들의 성적표도 좋고, 국내주식에 투자하는 펀드들도 성적이 좋았다. 그래서 펀드를 고를 때엔 과연 얼마나 더 높은 수익을 얻을 수 있는가를 고민하면서 선택했다.

물론 원금손실이 발생할 수 있다는 것은 알고 있으나 대부분의 펀드들이 높은 수익률로 고객에게 보답하던 상황이었기 때문에 아무도 펀드의 마이너스 수익률을 생각하지 않았다. 특히 적립식 펀드는 장기로 나누어 투자하면 코스트 에버리징 효과(Cost Averaging Effect)를 볼 수 있기 때문에 마치 절대반지처럼 무조건 승리할 수 있는 최선의 방법으로 인식되었다.

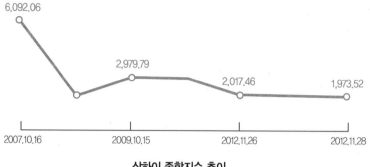

6,092.06

2,979.79

2,017.46

1,973.52

2007.10.16   2009.10.15   2012.11.26   2012.11.28

상하이 종합지수 추이

🐷 중국 펀드의 흥망성쇠

펀드의 영광스러운 기록은 이제 옛말이다. 특히 중국 펀드의 수익률은 롤러코스터보다 급하게 올랐다가 급하게 내려갔다. 잘될 때엔 연 30% 수익률이 당연할 정도였으나 아직 원금 회복도 못하고 있는 펀드가 있기도 하고, 중국 관련 일명 '묻지마 펀드'는 출시된 지 몇 년이 지난 현재까지도 원금 회복을 못하고 있다.

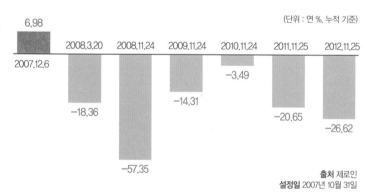

(단위 : 연 %, 누적 기준)

6.98

2008.3.20   2008.11.24   2009.11.24   2010.11.24   2011.11.25   2012.11.25

2007.12.6

−3.49

−14.31

−18.36

−20.65

−26.62

−57.35

출처 제로인
설정일 2007년 10월 31일

인사이트 펀드 수익률 추이

🐷 절대수익을 추구하는 펀드들의 성적표

이름은 참 잘 갖다 붙인 펀드들이 있다. 절대수익을 추구하고 어떠한 경우에도 손해 보지 않게 해드린다는 취지의 펀드들인데 성적표를 보면 이름대로 되는 것 같지 않다. 물론 명시된 수익률은 꾸준히 돈을 나누어 투자하는 적립식이 아닌 한꺼번에 돈을 넣은 거치식을 기준으로 하기에 성적표는 조금씩 달라질 수 있다. 하지만 대략적인 모습을 보면 절대수익이라는 단어가 아까울 지경이다.

(단위 : 억 원, %)

펀드명	운용자	순자산	연초 이후	1년
대신부자만들기30자	대신운용	30	−0.51	−2.49
뉴프리미엄스마트웨이브혼합 1	한화운용	96	−0.43	0.83
NH−CA퇴직연금시장중립형자 1	NH−CA운용	556	−0.38	2.18
하나UBS파워20ClassC	하나UBS	48	−0.36	3.32
HBC뉴스타10 1	HCC운용	13	−0.29	1.24
KTB웰빙안정종류C5	KTB운용	22	−0.27	1.15
키움레알퀸트롱숏1ClassC2	키움운용	11	−0.22	1.19

출처 제로인, **기준일** 2013년 2월 10일

연초 대비 수익률 부진한 절대수익 추구형 펀드

소유자와 세입자에게 모두 고통이 된 부동산

절대 흔들릴 것 같지 않던 부동산 역시 불황의 그림자를 피하지 못했다. 소유자는 매매가격 하락과 대출금 사이에 낀 신세로 어려움을 겪으며 하우스푸어가 되었고, 세입자는 전세난, 전세가격 급등이라는 어려움으로 렌트푸어가 되고 있다. 부동산에 투자하는 것은 목돈이 들어가기에 조금만 흔들려도 타격이 크다. 그래서 부동산 가격 하락은 재테크 환경에 더욱 악영향을 미치게 된다. 부동산은 가격이 올라도 타격이고, 가격이 내려도 타격이다.

🐷 재개발은 더 이상 호재가 아니다

집값에 대표적으로 영향을 미치던 재개발, 재건축이라는 호재는 더 이상 호재가 아닌 것으로 나타나고 있다. 특히 재개발의 경우, 2008년에는 국회의원에 출마했던 모든 후보자가 '우리 동네는 무조건 뉴타운으로 지정되도록 하겠습니다'라고 해야 표를 얻을 수 있었다. 그만큼 재개발은 구역으로 지정되기만 해도 집값이 올라가는 호재였다.

재건축의 경우에도 여러 부동산, 재테크 서적에서 싼 값에 미리 헌 아파트를 사두고 재건축해서 비싸지면 부자 된다는 식의 이야기를 했었다.

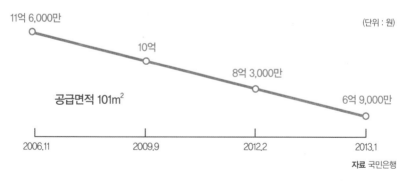

서울 대치동 은마아파트 가격 추이

하지만 최근의 상황을 보면 싼 값에 아파트를 사서 더 싼 값에 팔아야 하는 상황이다. 강남도 예외가 아니다.

🐷 매매가격이 내려가도 전세가격이 올라가는 이상 현상

아파트의 가격이 내려가면 그만큼 전세가격도 내려가는 것이 정상이다. 매매가격보다 높은 전세가격, 상상이 되는가? 전세는 기본적으로 매매가격보다 낮은 수준에서 결정되는 것이니 매매가격이 내려가는 만큼 그에 맞게 전세가격이 내려가는 게 맞다. 그런데 아주 이상하게도 전세가격은 계속 올라가고 있다.

주택 소유자 입장에서는 매매가격이 낮아지니 둘 중 하나의 선택을 하게 된다. 전세 대신 월세를 통해 수익을 얻고자 하거나, 전세가격을 올려서라도 투자한 금액을 회수하고자 한다. 그래서 2011년부터 전세와 월세가 섞인 반전세가 본격화되고 있기도 하다.

전세로 내놓아야 할 집을 월세로 바꾸기 때문에 전세의 공급은 줄어들고 공급이 줄어드니 전세가격은 올라간다. 또한 전세가격이 올라가니 월세도 가격이 올라가는 아주 이상한 악순환이 반복된다. 특히 학군이나 교통이 좋아서 선호되는 지역의 전세가격은 세입자 입장에서는 집주인이 원망스러울 정도로 올라가기도 한다.

위기에 빛나는 재테크가 필요하다

예금이나 적금, 펀드, 부동산 어디에서도 열매를 잘 맺을 만한 좋은 씨앗을 찾기 어렵다. 불행히도 진짜 그렇다. 농사는 지어야 하고, 땅은 척박하고 씨앗도 좋아 보이지 않는 이중고, 삼중고가 우리 앞에 놓인 현실이다. 그렇다고 농사를 안 지을 수도 없다. 물가는 계속 오르고 있고 나라에서 살기 좋은 노후생활을 보장해주는 것도 아니니까.

만일 투자 환경이 좋아져서 무엇이든 손만 대도 만족스러운 수익률을 얻을 수 있다면 재테크의 필요성은 줄어들 것이다. 예를 들어 3년 후에 전세자금 5,000만 원이 추가적으로 필요하다 했을 때 연 수익률 500%짜리 상품을 찾아서 1,000만 원만 넣으면 1년 후에 5,000만 원을 만들어낼 수 있을 테니까. 그런데 이러한 영화 같은 이야기는 더 이상 찾기 힘들다. 그래서 꼼꼼하게 자신이 얼마를 벌고, 얼마를 써야 하는지에 대해 점검해보고 대응방안을 찾아야 한다. 필요 없이 새는 돈은 없는지, 더 좋은 수익률을 얻을 수 있는 상품은 없는지를 종합적으로 확인해볼 필요가 있다.

세월이 좋으면 재무 설계는 필요 없다. 투자해서 벌고, 벌면 쓰고, 다시 벌면 되는 구조로 살아가면 된다. 그런데 세월이 좋지 못하다. 과도기를 지나 불황기가 올 텐데, 적응해야 한다. 바야흐로 할 수 있는 것들은 다 찾아서 해야 하는 세상이 온 것이다.

지금까지의
재테크는 잊어라

필자가 경영학과 학부생이던 시절, 중간고사나 기말고사의 첫머리에 썼던 답안은 '현대사회는 급변하고 있다'라는 문구였다. 누런 갱지에 첫 문장을 그렇게 채우던 것이 지금으로부터 대략 20년 전인데 아직까지도 그 말은 유효하다. 앞으로도 계속 현대사회는 급변할 테니. 하지만 환경이 계속 변해도 변하지 않는 게 있다. 바로 클래식으로 인정받는 것들이다. 급변하는 경제상황 속에서 과연 클래식으로 인정받아 과거와 현재 그리고 미래에까지 불변의 진리(?)라고 인정받을 수 있는 재테크 조언이 있을까? 재테크 관련해서 많은 전문가들이 공통적으로 짚고 있는 핵심 포인트에 대해 과도기인 지금도 여전히 그 말이 맞는지 아니면 수정되어야 하는지 살펴보자.

부자가 되려면 부자와 어울려라?

옳은 말이다. 부자들이 어떻게 부자가 되었고 어떻게 돈을 관리하는지 배우려면 부자와 어울리는 것이 좋은 방법이라 할 수 있다. 특히 부자들이 가진 마인드 중에서 배울 것이 있다. 바로 돈을 벌기 위해 돈을 쓴다는 점이다. 특히 자신에게 이익이 되는 사람을 위해서는 시간과 돈을 아끼지 않는다. 무료강연회를 찾아다니던 자산가가 정말 궁금한 것을 물어보기 위해 많은 돈을 지불하고 전문가와 30분 동안 이야기를 나누거나, 세금 관련한 문제를 해결하기 위해 세무사들에게 성공 보수를 지불하는 것은 모두 돈을 벌기 위해 돈을 쓰는 경우다. 보통의 사람들이 돈을 쓰기 위해 돈을 쓰는 경우와는 약간 다르다. 우리네 보통 사람이야 비슷한 수준의 사람들끼리 서로 잡담을 늘어놓고 직장상사를 욕하기 위해 술을 마시지 않던가.

여기까지만 이야기하면 당신은 이제부터 당신의 휴대폰 주소록에 저장되어 있는 수많은 사람들 중에서 가장 부자인 사람과 연락해서 같이 놀러다닐 생각을 할지도 모르는데, 부자와 어울리라는 말은 같이 놀러 다니라는 말이 아니다. 그들의 사고방식을 배워보라는 뜻이다.

> **부자가 되려면 부자와 어울려라.**
> ⇩
> **부자가 가진 사고방식을 배워보자.**

주식시장은 장기적으로 보면 우상향한다?

장기적으로 보면 주식시장은 계속해서 지표가 올라가는 것이 분명하다. 우리나라의 종합주가지수 역시 매일매일 오르고 내리고를 반복하면서 일정한 추세를 보이며, 올라가고 있음을 알 수 있다. 그래서 주식시장은 장기적으로 보면 우상향한다고 하는 것이다.

하지만 이 말은 맞는 말이면서 동시에 틀린 말이기도 하다. 도대체 장기가 어느 정도의 기간인지 명확하지 않기 때문이다. 어떤 사람에게는 1년이 아주 지루한 장기일 수 있고, 또 어떤 사람에게는 10년의 기간도 장기가 아닐 수 있다. 이처럼 장기가 어느 정도인지 사람마다 다를뿐더러, 여기에 우상향이라는 말도 의심스럽다.

주식시장이 별 문제가 없는 경우라면 모르겠지만 IMF 구제금융 사태나 금융위기처럼 10년에 한 번 있을 법한 대형 악재가 있는 경우엔 우상

종합주가지수 추이

향은커녕 횡보도 어렵기 때문이다. 그 같은 폭락장에서 장기로 보면 무조건 오를 것이라 위로해줄 수 있을까?

그리고 특정 주식을 장기간 보유한다고 했을 때 과연 그 종목이 우상향할 것인가도 의심스럽다. 예를 들어 LG디스플레이라는 종목을 보면 처음 기업공개(IPO)를 했을 때로부터 몇 년이 지난 2013년 3월 말 현재까지도 처음의 가격을 회복하지 못하고 있다. 장기적으로 우상향한다고 했으니 언젠가는 처음의 가격보다 훨씬 높은 가격을 형성할 수도 있겠지만 장기로 우상향한다는 조언만 믿고 몇 년 이상 보유하고 있는 사람에게는 일종의 희망고문이 계속되는 셈이다.

> 주식시장은 장기적으로 보면 우상향한다.
> ⇩
> 주식시장은 장기적으로 우상향하지만
> 개별 주식종목은 그렇지 않을 수 있다.

주식투자 비중은 '100-나이'만큼 하라?

좀 위험한 조언이다. 30세인 사람은 투자에서 주식의 비중을 70%로

> ★100-나이의 법칙
>
> 20세 : 100 − 20 = 80(20%는 안전자산, 80%는 공격적 자산에 투입)
> 50세 : 100 − 50 = 50(50%는 안전자산, 50%는 공격적 자산에 투입)
> 80세 : 100 − 80 = 20(80%는 안전자산, 20%는 공격적 자산에 투입)

하고 50세인 사람은 투자자산의 절반을 주식투자와 같은 공격적 자산에 투입하라는 말인데 대체 투자자산의 절반 이상을 주식투자를 할 수 있는 대담한 투자자가 얼마나 있을까?

조언을 따라 주식투자를 했을 때 다행히도 매입한 주식이 계속 올라준다면 얼마나 좋겠냐만 혹시라도 주식이 휴지조각이 되면 30세인 사람은 투자자금의 70%를 공중에 날리게 된다. 이때를 대비한 조언이 바로 '주식시장은 장기적으로 보면 우상향합니다'라는 희망고문 더하기 '주식은 원금손실의 위험이 있습니다'라는 문구다.

따라서 이 말은 이렇게 이해해야 한다. 주식투자의 비중은 나이가 들수록 줄여야 하고, 주식은 주식을 직접 사고파는 직접투자 외에도 주식형 펀드, ELS와 같은 간접투자 상품도 포함시키라는 취지로 이해해야 한다.

매월 투자자금으로 100만 원을 준비할 수 있는 30세 직장인의 경우 주식을 70만 원어치 하는 것이 아니라 주식형 펀드를 포함해서 70만 원을 하면 되고, 시간이 지나면서 나이 들고 승진도 하게 되면 주식상품의 비중을 조금씩 줄여나가도록 한다.

> **주식투자의 비중은 100-나이**
> ⇩
> **주식 관련 상품의 투자비중은 100-나이**

Chapter_ 04

막연한
기대부터 지워라

그런 시절이 있었다. 아들이 결혼할 때엔 부모가 집을 사주거나 최소한 전세자금은 대주는 게 당연하던 시절. 그리고 딸의 경우엔 혼수를 준비해주는 것이 부모가 자녀에게 제공하는 결혼 전 마지막 서비스(?)였던 시절. 그런데 최근의 상황을 보면 전세금도 너무 오르고 물가도 올랐는데, 역으로 부모님의 수입은 줄어서 과거와 같은 서비스를 기대하기 힘들어졌다. 앞으로 이러한 암울한 시간이 계속되면 어떻게 될까? 일명 3포 세대(취업, 결혼, 출산을 포기한 세대)가 많아지지 않을까 싶다. 멀리 볼 것 없이 일본에서 일명 프리터족(프리 아르바이트족—아르바이트로 생활하는 사람들)이 그렇게 살고 있지 않는가.

아직 우리 사회는 그렇게 되지 않았기에 다행이지만 시간이 지날수록 일본의 모습을 많이 따라갈 것으로 예측할 수 있다. 그런 점에서 직장생

활을 통해 월급을 받는 우리는 그나마 다행이다. 월급의 액수가 문제이긴
하지만. 그래서 월급 관리가 더욱 중요해졌다. 부모님의 측면 지원도 기
대하기 힘들어졌고, 앞으로 결혼이나 양육에 있어 돈 나갈 일이 계속될
것이기 때문이다.

어디에도 기대지 않고 돈 모을 준비를 하자

일단, 우리 부모님의 재산 상태를 점검해보자. 미래에셋 퇴직연금 연
구소의 자료에 의하면 우리의 부모 세대는 3/4, 즉 75% 정도는 은퇴 직
전까지 은퇴 준비를 못하는 상황이라고 한다. 그렇다면 왜 부모님들께서
는 준비를 안 하시거나 못하셨을까? 바로 당신을 지금까지 키우시느라 그
런 것이다.

자, 부모님의 도움은 이렇게 생각하자. 하늘이 도와서 당신이 부모님의
추가적인 A/S(?)를 받을 수 있다면 좋지만, 그렇지 못하더라도 지금까지
부모님께 받은 양육과 교육서비스에 충분히 감사하자. 그것만으로도 충분
히 감사한 일 아니겠는가. 잘 컸으면 부모님께 더 바라지는 말자.

대신, 이제부터라도 월급을 통해 나의 미래는 내가 만들어나가야 한다
는 사실을 받아들이자. 그리고 조금 더 과감하게는 부모님께서 망설이고
계실지 모르니, 부모님께 '노후자금 부족하시면 주택연금 가입하세요'라
고 효도 한 번 과감하게 하자. 주택연금이 뭐냐고? 마흔이 넘어가면 자연
스럽게 알게 될 것이지만 간략히 말씀하자면, 부모님께서 집을 은행에 맡

기고 은행에서 연금을 받는 상품이다. 부모님이 나중에 돌아가시면 집은 은행으로 넘어간다.

많은 부모님들께서 노후자금의 필요성 때문에 주택연금에 가입을 희망하지만, 그래도 집은 자식에게 물려주고 싶다는 극진한 부성애와 모성애 때문에 그러지 못하는 경우가 많다. 효도하자. 부모님 집은 부모님이 당신 눈치 안 보고 결정하시도록 마음 편하게 해드리자. 한마디만 하면 당신은 천하제일의 효자 효녀가 된다. 그 한마디가 뭐냐고? 앞서 말한 바와 같이 '제 걱정은 마시고, 주택연금 드세요' 하는 것이다.

불확실한 미래의 확실한 대비책, 월급 관리

언제까지 회사를 다닐 수 있을까? 공무원이나 공기업 근무자가 아니라면 이 질문에 대해 정확한 답을 하기 힘들 것이다. 내가 원하는 근무기간과 회사가 나에게 바라는 근무기간이 일치하면 더 바랄 것이 없지만 대부분의 경우엔 난 우리 회사를 사랑하는데, 우리 회사는 나에 대한 사랑이 식어 버려서 '이제 나를 떠나주세요'라고 할 확률이 높다.

아주 후하게 계산해보자. 앞으로 30년간 회사를 더 다닐 수 있다면 1년에 12번씩 총 360번의 월급을 받게 된다. 그리고 더 이상의 월급은 없다. 360번의 월급날을 거치면서 생활비도 해결하고, 자녀 양육도 하면서 또 월급 없이 살아가야 하는 날들(대략 30~40년쯤으로 예상된다.)까지 대비해야 한다.

계속 월급을 받을 수 없다는 그 사실, 월급을 잘 관리해야 하는 이유가 바로 이것이다. 삶의 중간에서 뜻하지 않은 복권 당첨이나 막대한 유산상속이 이루어지지 않는 이상은 받은 월급을 잘 관리해서 살아가야 한다. 보통 사회 초년생은 '결혼한 다음부터 돈을 모으겠다!' 하고, 결혼한 다음에는 '자녀 양육 좀 끝나면 월급을 관리할 수 있을 것 같다'고 한다. 그리고 자녀 양육이 다 끝날 때엔 더 이상 관리할 월급을 받지 못하는 나이가 되어 버린다. 굳은 결심을 하지 않으면 상황에 밀려서 떠다니다가 결국 후회하고 마는 것이다.

Chapter_ 05

절대 배신하지 않는
돈의 습관이 있다

월급 관리는 저축과 소비를 동시에 관리하는 데 핵심이 있다. 지금까지 우리가 접해왔던 재테크 서적은 대부분 비슷한 조언을 해준다. 먼저 종자돈을 만들어야 하고 그 다음으로는 그 종자돈을 잘 굴려서 소위 말하는 대박을 얻기 위한 상품들을 소개한다. 여기에 양념처럼 강남부자가 된 A씨의 감동적인 이야기, 또는 주식이나 부동산을 통해 재산을 몇 배로 불린 B씨의 감동적인 사례를 넣어서 우리도 그렇게 해봐야겠다는 정신무장을 시켜준다. 결국 모아놓고 보면 저축 또는 투자를 잘해서 성공한 아름다운 사례들이다.

조금 더 업그레이드된 재테크 서적들은 재테크보다는 재무 설계를 통해 삶의 이벤트와 그에 따르는 비용을 체계적으로 준비해야 함을 강조한다. 통장이 몇 개면 된다든가, 부자 아빠로 살아가자는 등의 이야기에서 공통적으로 말하는 것은 돈을 잘 불리는 방법이다. 그런데 여기에는 우리가 미처 생각하지 않았거나 애써 신경 쓰지 않았던 것들이 빠져 있다. 바로 '소비'에 대한 이야기들이다.

준비되지 못한 은퇴세대는 남의 일이 아니다

2012년 7월에 KB금융지주 경영연구소에서 의미 있는 자료를 발표했다. 〈2차 베이비붐 세대의 은퇴 대응 현황과 시사점〉이라는 제목의 보고서인데, 여기서는 우리의 부모님 세대가 아닌 우리의 바로 위, 선배 세대에 대해 이야기하고 있다. 그들은 1968~1974년생으로 한해 평균 85만 명이 출생한 경제활동의 중추적 세대다. IMF 위기, 카드사태 등 경제 리스크를 학습한 세대이면서 동시에 자녀 교육을 매우 중시하며, 부부의 양성평등 의식을 보유한 세대다. 우리의 직장에서 부장님이기도 하고, 과장님이기도 한 바로 그 사람들이다.

과연 나름대로 세련된 그들은 어느 정도의 은퇴 준비를 하고 있을까? 보고서에 언급된 결론에 의하면 우리 부장, 과장님들의 대략 55% 정도는 노후 준비를 하지 않고 있다고 한다. 이유를 살펴보면 빠듯한 소득부터 시작해서 대출비용까지 눈물 없이 들을 수 없는 수많은 사연들이 있다. 젊은 독자들이여, 우리의 직장 선배들을 향해 측은지심을 가지기를 바란다. 사무실에서 그렇게 우리에게 압박감을 주는 그분들의 대략 절반 정도는 노후를 대비해서 아무것도 하고 있지 않다. 우리는 아직 선배들보다 월급을 받는 횟수가 많이 남아 있다. 그나마 다행이다.

옆자리의 선배들이 당신에게 보여주고 있는 그 모습이 바로, 아무런 준비도 하지 않고 월급도 관리하지 않을 때 몇 년 후 내가 후배들에게 보여줄 모습이다. 만일 지금의 선배들이 멋있다 느껴지면 그들의 비결을 배우고 따르도록 하라. 혹시 그렇지 못하다면 그렇게 되지 않기 위해 노력하라. 당신의 선배들은 저축이나 소비에 있어서 무엇 하나 제대로 관리해본 적이 없을 확률이 대단히 높다. 그렇게 되지 말자.(참고로 필자는 75년생이다. 다행히도 2차 베이비붐 세대에는 해당되지 않는다.)

월급의 선순환 구조에 답이 있다

월급 관리는 어디에 돈을 넣어서 어떻게 불려야 한다는 단편적인 면에만 집중하지 않는다. 오히려 그보다는 그렇게 돈을 넣을 수 있도록 소비를 조절하여 본전 이상의 효과를 얻는 현명한 소비를 추구하고 그에 따른 결과로 종자돈 마련과 투자 활동이 가능해지도록 하는 '돈의 습관'에 주목한다.

무조건 돈을 쓰는 것은 나쁜 것이고, 돈을 모으는 것은 좋은 것이라는 접근이 아니라 효율적 소비를 통해 추가적인 저축 여력을 만들고, 이러한 추가적인 저축 여력이 다시 추가적인 자산으로 연결되는 선순환 구조에 집중한다. 그래서 이 책을 통해 소비에 대해 짚어보게 될 것이고, 저축과 투자에 대해서도 짚어보게 될 것이다. 순환 이야기가 나왔으니 피해야 할 악순환의 모습부터 점검해보자.

선순환은 현명한 소비를 통해 여유 자금을 만들고 이렇게 만들어진 자금이 저축(투자)과 연결되어 추가적인 수익을 만들고, 이 추가적인 수익이 다시 수익을 만들어내는 구조다. 소비와 저축의 악순환은 이와는 반대의 모습이다. 소비를 심하게 하면 저축할 여력이 없어진다. 저축할 여력이 없게 되니 매월 통장의 잔액은 부족하다. 통장 잔액이 부족하니 마이너스 통장을 이용하거나 신용카드를 쓰고, 현금 서비스를 받게 되고, 고금리의 이자를 감당하면서 계속 현명하지 못한 소비를 이어나간다. 무언가에 쫓기듯 지출에 떠밀리다 보면 돈을 모을 기회가 계속해서 미루어지고 아예 그런 기회 자체가 안 생긴다.

소비 그리고 저축, 이 두 가지는 결국 '월급'이라는 하나의 뿌리에서 나오는 결과물이다. 새가 한쪽 날개로는 날 수 없듯, 월급도 소비와 저축이라는 양 날개를 통해 당신의 삶을 유지시키는 역할을 한다. 소비와 저축의 균형을 어떻게 찾을까? 이것이 바로 월급 관리의 출발점이다.

지금 통장에 찍힌 잔액이 얼마인가?
그리고 그 통장의 잔액 중에서 온전하게 당신이 소유권을 갖는 금액은 얼마인가?
이것저것 빠져나갈 돈을 계산해봐도 조금 남는다고?
축하드린다. 그 금액만큼은 당신 것이다.

월급의 주인으로
다시 태어나라

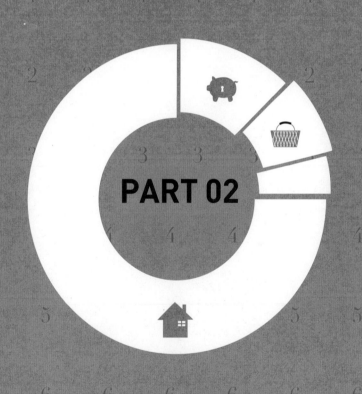

PART 02

Chapter 01

착각하면
적자를 면치 못한다

월급을 관리하려면 우선은 월급이 얼마나 들어오고 얼마나 나가는지부터 알고 있어야 한다. 여기에 약간의 개념을 추가적으로 탑재해서 매월 얼마나 월급이 남는지, 즉 통장의 잔액이 얼마 있는가를 알아두면 더 바랄 것이 없다. 그런데 '지금 통장에 얼마 있나요?' 물으면 정확히 대답하는 사람은 많지 않다.(필자에게도 쉽지 않다.) 통장의 잔액을 확인한다 해도 진정한 의미의 잔액은 얼마인지 모른다. 왜냐고? 이번 달 신용카드로 얼마가 나갈지도 계산해봐야 하고 정기적인 지출이 있다면 그것까지 포함해서 계산해야 하는데, 이러한 작업을 하기에는 우리의 뇌가 너무 지쳐 있다. 참고로 뇌는 숨만 쉴 때에도 전체 에너지의 20%를 사용하는 엄청난 칼로리 소비처이다. 월급을 계산할 생각만 해도 피곤해지는 이유이다. 그래서 대충 통장에 '이 정도 남겠네, 부족하겠네'

수준으로만 파악한다. 혹시 이 책을 읽는 독자는 지금 통장에 얼마가 있는지 정확하게 알고 있는가? 모른다고 해도 괴로워할 것 없다. 남들도 다 그러니까. 그래도 머쓱한 것은 사실이다.

내가 통장의 주인이라는 착각

현재 독자 분들의 통장에는 얼마간의 잔액이 있을 것이다. 잔액이 있다면 그것만으로도 축복받은 것이다. 마이너스 통장을 사용하거나 대출이자 갚느라고 각종 'OO푸어'의 삶을 살아가고 있는 다른 사람들에 비해서 행복한 편이다. 그런데 그 통장의 잔액이 온전히 나의 것인가를 생각해보자.

급여 통장에 잔액이 200만 원쯤 있다고 했을 때(적은 편이 아니다.) 신용카드 결제 예정액이 200만 원이라면 그 통장의 주인은 내가 아니다. 명의만 내 것일 뿐, 주인은 신용카드 회사다. 통장 잔액이 200만 원인데, 신용카드 사용액이 200만 원이고 은행 대출이자가 50만 원이라면? 50만 원어치 빚진 상태다. 이번 달에 월급이 들어오니까 금방 갚을 수 있다고? 물론 지당하신 말씀이다. 계산상으로는 그렇다. 그런데 50만 원이라는 빚이 있다면 다음 달에 50만 원의 빚은 기본으로 나가고, 그 달에도 어김없이 신용카드 회사는 결제해달라 할 것이고, 은행은 50만 원은 저번 달이니 이번 달도 50만 원을 내라 할 것이다. 심하게 말하면 빚 갚다가 인생이 끝날 수도 있다.

지금 통장에 찍힌 잔액이 얼마인가? 그리고 그 통장의 잔액 중에서 온전하게 당신이 소유권을 갖는 금액은 얼마인가? 이것저것 빠져나갈 돈을 계산해보니 조금 남는다고? 축하드린다. 그 금액만큼은 당신 것이다. 이제 그 금액들을 늘려나가도록 하자.

다음 달에도 월급이 들어온다는 착각

필자에게도 회사 다니면서 마음껏 끌리는 대로 물건을 사들이던 시절이 있었다. 아~, 철없던 부끄러운 시절이여. 그 시절이 가끔은 그립지만 다시 그러고 싶지는 않다. 해외 출장을 간다면 공항 면세점에서 '어머나, 세금이 안 붙어? 그럼 살수록 이익이네?'라는 마음으로 평소에 가지고 싶었던 패션 아이템들을 사들이고 친구들 선물이라며 정작 본인은 마시지도 못하는 보드카, 위스키 등의 주류를 무겁게 사들고 다니기도 했다. 부족한 신용카드 결제 분은 다음 보너스 달에 갚는 것으로 리볼빙 서비스를 받았다. 카드값으로 구멍 난 쓰린 마음은 친구들로부터 우정을 얻은 대가라 생각하며 달래곤 했다.

한 달 열심히 일해서 신용카드 회사 좋은 일만 시켜주던 생활을 7년간 했다. 직장생활하면서 필자 역시 미래에 대한 걱정과 고민은 없었다. '다음 달이 보너스 달이니까, 올해 연말에 성과급이 나온다 하니까' 하며 마법의 주문을 외면서 살아왔던 것이다.

그런데 이 모든 상황은 회사를 나오면서 달라졌다. 밖은 추웠다. 왜 선배들이 항상 밖은 춥다고 하는지 알 것 같았다. 회사를 그만두니 가뜩이나 들어오는 돈도 없는데 신용카드 회사들은 야박한 멘트를 날렸다. '고객님, 금월 연체분이 000만 원이오니 확인 바랍니다.' 당신이 회사를 다니든 말든, 쓴 돈은 갚아야 할 것 아니냐는 아주 친절한 안내문이다.

지금 당신이 직장에 다니고 있다면, 이번 달에도 다음 달에도 월급이 들어온다는 사실은 분명하다. 그런데 조금 긴 호흡에서 바라보면 그렇게 꾸준히 월급이 들어오는 기간이 얼마나 될까? 우리의 통장이 온전히 우리의 것이라는 것도 착각이고, 다음 달에도 계속 월급이 들어온다는 것도 큰 착각이다. 언젠가 통장에 들어올 입금액은 없는데, 나가야 할 출금액만 있는 날이 찾아올 수도 있다는 사실을 염두에 두어야 한다.

Chapter_02

항상 생각보다
월급이 적은 이유

연봉 3,000만 원인 사람의 한 달 월급은 얼마일까? 너무 쉬운 질문이라 미안할 정도인데, 월평균 250만 원 정도 받는다고 계산된다. 그런데 과연 연봉을 12등분으로 나눈 값이 내 통장에 들어오는가?

월급은 생각보다 적다. 왜냐하면 월급을 기준으로 하여 직접적인 세금인 소득세와 주민세가 부과되고, 여기에 준조세라 불리는 국민연금을 비롯한 이런저런 항목들이 붙어 말 그대로 야금야금 내 통장에 들어오는 돈을 줄어들게 만들기 때문이다. 통장에 들어오는 실 수령액은 세금과 준조세를 알아서 뺀('원천징수'라 표현된다.) 금액이다. 통장만 봐서는 원래의 내 월급은 얼마인데 이런저런 항목으로 이만큼 빠져나갔구나 하는 흔적을 찾아볼 수 없다. 꼼꼼한 사람들이야 월급명세서를 통해 빠져나간 비용 내역을 확인해보겠지만, 과연 얼마나 많은 사람들이 월급명세서 내역을 꼼꼼하게 확인할까. 월급날 돈이 들어오는 것만으로도 감사한 상황인 데다가 확인한다고 돈이 더 들어오는 것도 아닌데 말이다.

월급엔 세금이 붙는다

소득 있는 곳에는 세금 있다. 이 말은 거의 성경 말씀처럼 받아들여지고 있는데, 쉽게 풀어보자면 돈 벌었으면 세금을 내라는 말이다. 돈을 많이 받는 것도 아닌데 여기에 세금도 내야 한다니 얼마나 억울한 일인가. 하지만 이렇게 우리가 매월 월급 받으면서 내는 세금이 경찰 아저씨들, 소방관 아저씨들에게 입금되어 치안 및 소방서비스를 받을 수 있게 해주니 좋게 보면 아까울 것은 별로 없다. 국회의원 나리들께서 우리 세금을 가지고 가끔 해외로 여행 가는 게 아까울 뿐이다. 이제 우리가 받는 월급에 어느 정도의 세금이 붙는지 확인해보도록 하자. 결론부터 말하자면 대략 5% 정도다.

🐷 소득세
월급에서 떼어가는 세금 중 가장 큰 비중을 차지하는 것이 소득세다. 소득세는 말 그대로 소득에 대해 부과하는 세금이다. 소득세가 중요한 이유는 우리가 '13번째 월급'이라 부르는 연말정산이 결국 소득세와 연결되기 때문이다. 나라님들이 직장인 개개인의 상황에 맞춰 세부적인 세금 가이드라인을 정하지 않고 간이세액표라는 것을 만들어 기계적으로 월급과 부양

가족에 따라 일정하게 내야 할 세금을 정해놓는다. 이 간이세액표에 의해 매월 급여를 받을 때마다 1년에 12번 소득세를 내는데, 연말정산은 이렇게 1년간 간이세액표에 의해 납부한 세금을 합해보고 계산기를 두들겨본 다음, 실제로 내야 하는 세금보다 더 걷었다면 환급을 통해 더 걷은 금액을 돌려받게 해준다. 13번째 월급이라는 애칭은 이래서 붙는다. 그런데 제대로 연말정산을 준비하지 않으면 간이세액표로 걷은 금액이 부족하여 세금을 더 내는 경우도 생긴다. 필자도 그다지 재테크나 연말정산에 관심 없던 사회초년생 시절에는 부양가족도 없고, 특별히 연말정산에 도움이 되는 금융상품에도 가입하지 않아 3~4년간은 연말정산을 하면 '13번째 월급'이 아닌 '13번째 세금'이 되었다.

다음 표는 2013년부터 적용되고 있는 간이세액표다. 독자 여러분들 각자 본인이 어느 정도의 소득세를 매월 내는지 확인하시기 바란다. 아래의 월급 액수는 기본급을 기준으로 하는데 교통비, 식대와 같이 수당 형식으로 받는 금액은 포함하지 않는다는 점도 참고 바란다.

간이세액표를 기준으로 보면 구간에 따라 차이는 있지만 대략 매월 월급의 5% 내외가 소득세로 빠져나가게 됨을 알 수 있다. 일단 총 연봉에서 5%는 내 것이 아닌 나라의 것임을 알아야 한다. 연봉 3,000만 원이라면 대략 150만 원, 연봉 5,000만 원이면 250만 원이 세금으로 나간다.

월 급여액(단위 : 만 원) [비과세 및 학자금 제외]		공제대상 가족의 수(단위 : 원)	
이상	미만	1	2
150	151	7,790	4,420
200	201	18,120	14,750
250	251	37,260	28,600
300	305	88,180	69,430
350	352	149,300	130,550
400	402	213,190	194,440
450	452	281,440	262,690
500	502	349,690	330,940
550	552	417,940	399,190
600	602	511,900	481,900
700	702	730,300	700,300
800	802	948,700	918,700
900	902	1,167,100	1,137,100
1,000	1,000	1,429,140	1,385,390

2012년 근로소득에 대한 간이세액표(제189조 관련)

🐷 주민세

주민세는 소득세의 10%다. 그래서 소득세가 10만 원으로 계산되면 주민세는 1만 원이다. 부가세 별도도 아닌데 10%씩 얄밉게 붙는다. 주민세는 월급에 대한 소득세에만 붙는 것이 아니라 은행의 이자를 받을 때 내야 하는 이자 소득세에도 붙는다. 그래서 이자 소득세는 기본적으로 14%인데 여기에 다시 1.4%의 주민세가 추가로 붙어 총 15.4%의 세금이 발생한다. 이자를 적게 받는 것도 억울하고 이자에 세금이 14%씩 정확하게 붙는 것도 억울하고 여기에 다시 추가적인 세금이 붙는 것도 억울하다. 하지만 너무 억울해 마시기 바란다. 돈 많은 분들이 은행이자로 1년에 2,000만 원 이상 받으면 15.4%의 세금이 아니라 최대 41.8%까지 세금이 붙으니 말이다.

세금이 아닌데 세금 같은 4대 보험도 있다

세금도 아닌데 세금처럼 알아서 나라에서 떼가는 것이 있다. 엄밀히 말하면 나라에서 가져가는 것은 아니지만 세금이나 마찬가지다. 바로 4대 보험이다. 국민연금이 가장 대표적이다. 직장인의 경우, 국민연금은 소득 수준과 관계없이 무조건 4.5%를 내야 한다. 물론 내가 직접 국민연금을 내는 것이 아니라 회사에서 알아서 국민연금 납부액만큼 떼어낸 다음 월급을 지급한다. 그래서 직접적으로 국민연금을 낸다는 생각이 잘 안 들기도 한다.

이런 식으로 회사에서 알아서 떼서 다른 곳으로 보내는 돈, 세금은 아니지만 세금과 비슷하다는 의미로 준조세라고 부른다. 미리 요약해보자면, 4대 보험을 보면 각 항목마다 5% 이내이기 때문에 커 보이지 않지만 4개의 항목을 다 더해보면 8.09%에 이른다. 기본적으로 연봉의 8%는 4대 보험으로 나간다. 연봉이 3,000만 원이면 240만 원, 4,000만 원이면 320만 원이 알아서 1년간 내 통장을 거치지도 않고 빠져나간다.

출생 연도	국민연금 수령 나이
~1952	만 60세
1953~1956	만 61세
1957~1960	만 62세
1961~1964	만 63세
1965~1968	만 64세
1969~	만 65세

국민연금 수령 나이

🐷 국민연금 : 4.5%

월급의 4.5%를 무조건 낸다. 소득세의 경우엔 이런저런 대비를 잘 해서 13번째에는 돌려받을 수도 있지만 국민연금은 그런 정산도 없다. 이렇게 열심히 떼어서 납부한 국민연금의 혜택은 나중에 60세를 지나 환갑잔치 이후에 받을 수 있다. 지금 20, 30대는 환갑 이후 최소 5년이 지나야 연금으로 받을 수 있는데, 위의 표는 각자 나이에 따라 언제부터 국민연금을 받을 수 있는지를 정리한 도표다. 이 책의 독자 대부분은 65세부터 받을 수 있으리라 본다. 그리고 혹자는 국민연금 재정상태가 안 좋아지면 못 받는 것 아니냐 하는데, 걱정 마시라. 연금은 받을 수 있다. 다만 액수가 줄어들 뿐이다.

🐷 건강보험 : 2.95% (정확히는 2.945%)

병원비가 너무 부담되지 않도록 나라에서 신경 써 주는 항목이다. 진찰을 받거나 약을 살 때 생각보다 값이 싼 것이 바로 이 건강보험 덕분이다.

감사하긴 한데 월급의 3% 가까이 떼어가는 것은 좀 과하다 싶기도 하다. 그러나 너무 억울해 말라. 건강한 상태에서 건강보험료를 내며 불만을 가지는 것이 아픈 상태에서 건강보험의 혜택을 받으며 감사하는 것보다는 차라리 낫다.

국민연금 보험료

	보험료율	근로자	사업주
기준 소득월액	9.00%	4.50%	4.50%

건강보험료 및 장기요양보험료

		보험료율	근로자	사업주
건강보험료	보수월액	5.89%	2.95%	2.95%
장기요양보험료	건강보험료	5.55%	가입자 부담 50%	사업주 부담 50%

고용보험

구분		근로자	사업자
실업급여		0.55%	0.55%
고용안정	150인 미만 기업		0.25%
직업능력 개발사업	150인 이상(우선지원 대상 기업)		0.45%
	150인 이상~1,000인 미만 기업		0.65%
	1,000인 이상 기업, 국가 지방자치단체		0.85%

2013년 4대 보험 요율표

🐷 **고용보험 : 0.45%**

혹시라도 실업 상태가 되면 실업급여를 받게 해주기 위한 금액이다. 건강보험과 마찬가지로 가급적 고용보험료를 내는 편이 행복하다. 0.45%의 비교적 적은 금액이다.

🐷 **장기요양보험 : 0.19%**

정확하게 계산하자면 건강보험료(2.95%)의 6.55%를 납부하는 것인데 계산해보면 대략 0.19%로 볼 수 있다. 급여 100만 원마다 1,900원 정도에 해당된다.

세금과 4대 보험을 합산해보면 월급의 10% 이상이 내 통장을 거치지 않고 밖으로 빠져나가게 됨을 알 수 있다. 처음 입사해서 연봉 3,000만 원 받는다고, 월급이 250만 원이라고 기뻐할 일이 아니다. 실제로는 최소 10%인 연 300만 원은 내 돈이 아니기 때문이다.

물론 억울해 할 일만은 아니다. 왜냐하면 세금의 경우, 각종 소득공제 상품을 통해 돌려받을 수 있는 확률이 높고, 4대 보험은 그 혜택이 느리기는 하지만 분명히 어느 순간에는 나도 수혜자가 될 수 있는 것이니까. 그리고 4대 보험은 내는 편에 있는 것이 행복한 상황이라는 점, 이미 알고 있으리라 본다. 지금 각 학교의 도서관에는 4대 보험을 내는 신분이 되기 위해 노력하고 있는 수십만 명의 취업준비생이 대기 중이다. 월급을 받는 신분이라는 점에서 위안을 얻기 바란다.

Chapter_ 03

역복리로
조금씩 줄어드는 월급

복리의 효과는 이미 잘 알고 있을 것이다. 복리가 우리의 재산에 기여하는 모습을 그려보자. 원래의 재산에 이자가 더해지고 다시 재산과 이자가 원금이 되고 여기에 이자가 붙는 아주 아름다운 모습이 연상된다. 재테크에 있어 복리의 효과는 얻을 수만 있다면 반드시 얻어야 하는, 아주 마음에 드는 선순환의 구조다. 하지만 여기에는 불편한 진실이 하나 있다.

이렇게 우리에게 도움이 되는 복리가 동시에 우리의 삶을 힘들게 만드는 효과도 있다. 역복리 효과 때문이다. 간단하게 말하면, 재산을 복리의 효과로 줄어들게 만드는 재앙과도 같은 현상이다. 피할 수 없으면 즐기라고 하는데, 역복리는 절대 즐기면 안 된다. 피할 수 있으면 필히 피해야 한다.

물가상승이라는 역복리

가끔 뉴스에서 주부들이 "1만 원 가지고는 이제 살 게 없어요. 채소 값이 너무 올랐어요!"라고 한숨 쉬며 이야기하는 것을 본 기억이 있을 것이다. 특히 명절 때마다 전년과 비교하여 얼마나 물가가 뛰었는지를 중점적으로 보도한다. 이에 정부에서는 특별대책반을 편성하여 물가를 안정적으로 유지하겠다는데 별로 약발이 먹히지 않는 것 같다. 그나마 얼마 전까지 우리에게는 중국이 있어 물가가 그나마 지켜질 수 있었다. 과거에 세계의 공장이라 불리던 중국은 저임금, 저품질 정책으로 무엇이든 무조건 값싸게 만들었다. 심지어는 저가를 유지하기 위해 달걀도, 분유도 가짜로 만들었다.

지금도 그런 측면이 없지는 않으나, 이제 중국이 깨어나기 시작했다. 품질은 아직 낮은데 임금 수준은 많이 올라갔다. 그렇기에 중국에 진출한 우리나라 기업들이 중국 근로자들의 벌떼 같은 임금 인상 요구를 들어주지 못해 긴급히 철수하거나 공장을 다른 동남아 국가로 옮긴다는 뉴스도 심심찮게 들려온다. 지금까지는 저렴한 중국산 제품을 통해 우리나라의 물가상승을 막을 수 있었는데 더 이상 중국에서 물건을 싸게 들여오기 힘들어졌다. 그렇기에 앞으로도 물가는 계속 올라갈 것으로 예상된다.

🐷 물가상승＝월급의 가치 하락

물가가 올라간다는 것은 월급 관리 측면에서 보면, 우리가 받는 월급의 가치가 낮아짐을 의미한다. 예를 들어보자. 1만 원으로 1,000원짜리 빵을

10개 사 먹을 수 있었던 때에는 1만 원은 곧 빵 10개의 가치를 갖는데, 빵 값이 1,000원에서 2,000원으로 오르게 되면 1만 원의 가치가 빵 5개로 줄 어든다. 평균적으로 매년 물가는 3% 정도씩 오르고 있으니 매년 3%씩 우 리의 월급이 적어지는 것으로 이해하면 된다. 이왕 물가상승률 이야기가 나왔으니, 구체적인 이야기를 해보자.

2013년 상반기 현재 지하철 기본요금은 카드할인을 받았을 때 1,050 원인데, 지하철 요금이 200원을 넘어선 것은 1990년부터다. 1990년 이전 에는 요금이 100원대였다. 지하철에서 제공하는 서비스를 '이동 수단'이 라는 상품으로 생각해보면, 같은 상품에 대해 200원에서 1,050원으로, 5 배 이상의 요금을 더 지불하게 된 것이다. 가끔 지하철 요금이 오를 때 이 러한 광고를 본 경험이 있을 것이다. '더 높은 서비스로 고객 만족을 드리 겠습니다.' 출근 시간에 지하철이 지옥철로 바뀌는 사실에는 변함없지만, 어쨌든 100원씩 요금이 야금야금 오르면서 이렇게 지하철을 타는 값은 5 배로 늘어났다. 정부의 집중적인 관리를 받으면서 말이다.

🐷 1억 원이 반 토막 나기까지 걸리는 시간

1억 원이라는 목돈(사실은 목돈이라기보다는 어마어마한 돈)을 힘들게 모아 서 가지고 있다고 해보자. 그리고 그 돈을 은행이 아닌 현금으로 가지고 있게 되면 그 가치는 어떻게 변할까? 다음의 표에서 이에 대해 정리해보 았다.

올해	1년	2년	3년	4년	5년	6년
1억 원	9,700만 원	9,409만 원	9,127만 원	8,853만 원	8,587만 원	8,330만 원

1억 원의 화폐가치 (물가상승률 연 3%인 경우)

매년 3%씩 물가가 오른다 했을 때 1억 원의 가치는 표에서 보는 바와 같이 점점 줄어들게 된다. 그것도 심하게 줄어든다. 3%씩 복리로 3년이면 1,000만 원 조금 안 되는 돈이 사라지는 셈이다. 당신의 통장에는 물가상승률이라는 구멍이 한 개 뚫려 있고 여기서 매년 전 재산의 3%가 빠져나간다. 3%씩 늘어나도 아쉬운 상황인데 매년 그 구멍은 3%의 복리로 커진다. 그래서 30년 후엔 1억을 4,000만 원으로 만들어버린다. 역복리는 이렇게 사람 잡는 효과를 갖는다.

통장의 구멍을 막아라

복리가 역으로 작용했을 때 우리에게 어떠한 타격을 주는지 알게 되었을 것이다. 이제부터는 뉴스에서 물가상승률이 몇 %라는 내용이 나올 때마다 '올해 나의 통장에 저만큼의 구멍이 뚫린 것이구나' 하고 생각하시기 바란다. 그러나 하늘이 무너져도 솟아날 구멍이 있는 법. 우리의 통장에 구멍이 뚫린다 해도 구멍을 메울 방법은 분명히 있다.

🐷 원금 유지를 위한 예금 · 적금

1년 동안 3%로 나의 재산이 줄어들게 되면 은행의 3% 예금 · 적금을 통해 원금을 지켜나갈 수 있다. 앞서 예를 든 1억 원의 경우, 물가상승률로 화폐가치가 낮아져도 연 3%의 예금에 들었다면 100년이 지나도 1억 원의 값어치는 계속 유지할 수 있다. 즉 원금을 지키는 의미에서는 은행의 예금이 아주 제격이다.

혹시 '이자소득세 15.4%는 어쩌고요?'를 생각하는가? 옳으신 말씀이다. 이자에도 세금이 붙는다. 그래서 조금 더 정확히 계산하면 물가상승률 3%의 경우, 은행의 이자율이 3.55%는 되어야 세금을 떼도 원금이 지켜진다. 은행 지점에 커다랗게 걸어놓는 예금이자율이 3.55%가 넘는다면 원금은 지켜주는 이자율이라 보면 된다. 그리고 혹시 3.55%를 넘지 않는다면 이익이 되는 이자율은 아니라고 보면 맞다.

혹시나 해서 그러는데 적금의 이자율이 5%이니까 괜찮지 않을까 궁금할지도 모르겠다. 적금은 복잡한 계산이기는 하지만 대강 제시되는 이자율의 절반만 받는다는 것을 우선 기억하면 되겠다. 왜냐고? 제시되는 이자율은 은행에 들어간 돈이 1년 동안 있는 경우를 계산한 것인데 마지막 달에 적금으로 넣게 되는 돈은 한 달만 은행에 들어간 것이므로 제시된 이자율의 1/12만 받게 된다. 이런 식으로 계산하면 이자율은 고시된 숫자의 절반이라고 보면 맞다. 하지만 억울해 할 것은 없다. 어차피 적금은 한꺼번에 돈을 넣어두는 것이 아니라 매달 넣은 돈이다. 당신도 상식적으로 마지막 달에 넣은 돈에 대해 1년 치 이자를 다 받을 생각은 하지 않을 테니까.

이렇게 물가상승률을 따져보니 은행의 예금이라 해도 특별히 남는 장사가 아니다. 그래서 사람들이 그렇게 주식도 해보고 펀드도 찾아보고 하는 것이다. 바쁜 직장생활을 하면서도 열심히 정보를 찾아보고 모으는 것은 물가상승으로 인한 피해자가 되지 않기 위한 일종의 몸부림이다. 그리고 은행의 이자율이 낮아지는 만큼 그 몸부림은 더욱 치열해진다.

Chapter_ 04

앞으로
총 얼마를 벌 수 있을까?

사람의 앞일은 알 수 없기에 '앞으로 얼마를 벌 수 있을까?' 하는 질문의 답은 아무도 모를 것이다. 사 두었던 주식이 많이 올라서 생각보다 재산이 일찍 불어날 수도 있고, 기대하지 않았던 복권에 1등으로 당첨되어 급하게 부자의 반열에 오를 수도 있는 것 아니겠는가. 필자의 경우에도 이 책이 얼마나 판매되어 어느 정도의 인세 수입을 얻을 수 있을지는 전혀 모르는 상태니까. 그렇다고 해서 재테크를 계획함에 있어 앞으로 얼마 벌지를 전혀 생각하지 않는다는 것도 이상한 일이다.

회사에서 급여만을 받을 때 어느 정도로 벌 수 있을까를 계산해보았다. 그 결과에 대해 분명 당신은 만족할 것이다. 쥐꼬리만 한 월급에서 무슨 만족이냐고? 일단 숫자를 본 다음에 마음을 결정하면 된다.

평생 20억 가량이 손에 들어온다

　　2012년 2월에 금융감독원에서는 〈생애주기별 금융교육 가이드라인 개발〉이라는 제목의 보도 자료를 통해 국내 금융 현실에 적합한 한국형 생애주기별 금융교육 가이드라인을 국내 최초로 개발하였음을 알렸다.(출처 http://www.fss.or.kr 금융감독원 홈페이지) 보도 자료 중간에 보면 아래와 같은 내용이 있다.

　　여기서 살펴볼 내용은 가계 월평균 소득이다. 미혼기에 평균 194만 원에서 시작해 은퇴기에는 164만 원이라고 되어 있다. 이 기준을 가지고 계산해보면 흥미로운 결과를 얻게 된다. 다음의 그래프를 보자.

생애주기	주요 가계 특성			주요 재무적 특성		
	가구주 연령(세)	가구 내 자녀수 (명)	주택보유 (%)	가계 월평균 소득(만 원)	가계 월평균 지출(만 원)	가계 월평균 저축(만 원)
미혼기	30.6	0	16.6	194.7	107.1	45.7
신혼기	32.1	0	30.3	342.4	155.8	73.0
자녀 출산 및 양육기	34.4	1.4	44.1	349.0	200.8	69.8
자녀 초등학교기	38.9	1.9	54.3	377.2	238.8	66.9
자녀 중고등학교기	44.8	2.1	61.1	406.8	274.2	60.3
자녀 성년기	54.0	2.0	73.7	413.0	276.1	57.7
자녀 독립 및 은퇴기	67.8	0	81.3	164.8	120.5	18.3

주_ 당초 상기 7개 생애주기를 설정하였으나, 분석 결과 자녀 초등학교기와 자녀 중고등학교기의 경우 라이프 이벤트 및 재무목표에 큰 차이가 없어 최종적으로는 '자녀학령기'로 통합
자료 한국노동연구원의 노동패널조사(KLIPS, 2008년 기준) 결과를 활용하여 산출

생애주기별 가계 및 재무적 특성

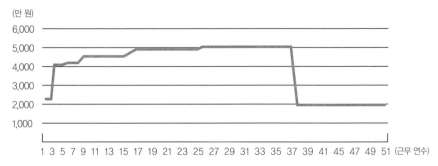

금융감독원의 발표 자료에 따른 연간 예상 수입 그래프

위에 보이는 선의 움직임이 수많은 전문가가 예측한 평균적인 소득이다. 물론 개인에 따라 많고 적음의 차이는 분명히 있을 수 있으나 평균치임을 고려할 때 적어도 우리는 평균치보다는 나을 거라는 희망을 가질수 있다. 즉, 위에 나타난 그림보다 더 벌면 벌었지 못 벌지는 않을 것이라는 예측이 가능하다. 그래서 80세까지 꾸준히 돈을 번다고 가정하고 총합을 구해보면 놀라운 결과가 나온다.

평생에 걸쳐 총 19억 7,700만 원을 벌게 된다. 참고로 연봉이 오르는것을 빼고 계산했을 때 이 정도라면 매년 3%씩 연봉이 오르는 상황에서는 최소 20억 원을 예상해볼 수 있다. 평균적인 경우, 우리는 80세까지 20억 원을 벌게 된다.

1억 모으기도 쉽지 않은 상황인데, 대체 이 돈을 우리가 어떻게 번다는것인지 궁금할 따름이다. 80세까지 돈을 번다는 것에 좀 무리가 있어 보이지 않는가? 그래서 70세까지만 줄여서 계산하면 17억 7,000만 원이다. 이

또한 결코 적지 않은 금액이다. 회사에 성실히 다니면서 평균적으로만 월급을 받으면 당신 앞에 17억 원에서 20억 원까지의 월급이 통장에 들어오게 된다. 축하드린다. 계산 내역만으로도 벌써 부자 대열에 오르셨다.

공무원과 일반 직장인의 평생 소득 차이는 얼마일까?

김상호 관동대(경영학부) 교수가 2006년 12월 14일 한나라당(2012년부터는 새누리당) 주최 '공무원연금 관련 정책토론회'에서 발표한 보고서에 따르면 같은 학력으로 같은 나이에 취업했을 때 공무원이 민간 직장인보다 평생 1억 7,200만 원(8.9%)을 더 버는 것으로 나타났다고 한다.

평생에 걸친 소득은 퇴직금과 연금까지 합친 소득인데 이 수치를 기준으로 보면 민간 직장인은 평생에 걸쳐 19억 3,400만 원(현재 가치 기준)을 받는 반면 공무원은 21억 600만 원을 버는 것으로 추산해볼 수 있다. 봉급만 보면, 민간 직장인이 15억 722만 원으로 공무원(14억 2,681만 원)보다 더 많았고, 퇴직금도 민간 직장인이 1억 6,431만 원으로 공무원(6,075만 원)보다 많다. 일단 여기까지는 민간 직장인이 공무원보다는 월급과 퇴직금을 많이 받는다고 할 수 있겠다. 그러나 반전은 연금에서 시작된다. 공무원이 퇴직 후 받는 연금 총액은 6억 1,851만 원에 달하는 반면 민간 직장인은 2억 6,252만 원에 불과하다. 공무원연금 덕분에 공무원이 받는 연금이 민간 직장인의 무려 2.4배에 달한다.

물론 갑자기 고속승진을 하여 30, 40대에 임원이 되어 월급봉투가 화

	봉급	퇴직금(수당)	연금	생애 총소득	(단위 : 만 원)
7급 공무원	142,681	6,075	61,851	210,607	
민간 직장인	150,722	16,430	26,252	193,405	

(만 26세 남성이 2000년 입사해 만 58세까지 근무했을 경우, **자료** 김상호 관동대 교수)

공무원 vs 민간직장인 생애 소득 비교

끈하게 두꺼워질 가능성도 있다. 하지만 그렇게 신데렐라 같은 승진이 아닌 이상 일반 직장인들은 사오정, 오륙도와 같은 단어들이 나타내듯 40대를 넘기면 퇴직에 대한 두려움을 안고 회사생활을 버텨낸다. 연구에서는 민간 직장인과 공무원이 모두 만 58세에 퇴직하는 것을 가정했지만 민간 직장인이 과연 58세까지 근무할 수 있을까 의문스럽긴 하다.

어쨌든 민간 직장인도, 7급 공무원도 19억에서 21억 사이의 금액을 평생 동안 월급으로 받는다 하니 역시 부자의 대열에 오른 것이나 마찬가지다. 그런데 이렇게 평생 동안 많은 돈을 받게 되어도 이상하게 은행에 20억은커녕 1억도 모아놓기 힘든 것이 현실이다. 왜 그럴까?

Chapter 05

앞으로
총 얼마를 쓰게 될까?

앞에서 우리는 평생 동안 버는 돈이 20억 원 정도 된다는 너무나 기쁜 소식을 접할 수 있었다. 그런데 눈을 들어 우리 주위에 계신 입사 선배님들이나 부장님들, 또는 은퇴한 퇴직자들을 보면 과연 저들이 20억 원을 벌었던 사람의 모습인가 싶을 때가 많다. 왜일까? 답은 간단하다. 버는 만큼 쓰게 되니까.

앞으로 총 얼마를 쓰게 되는지 계산해보도록 하자. 물론 같은 자장면이라도 어떤 곳에서는 2,000원에 먹을 수 있고, 어떤 곳에서는 1만 원이 넘는다. 같은 가방이라도 명품 브랜드는 500만 원을 넘기도 하고 '골라~ 골라'를 외치는 곳에서는 5만 원에 살 수도 있다. 브랜드도 똑같고 자세히 보면 진짜 같기도 한데 말이다. 그래서 얼마를 쓰게 될지는 정확하게 예측하기가 어렵다. 당장 다음 달에 독자 여러분은 얼마를 쓸 것 같은가?

평생 쓰는 돈은 12억 원 내외다

다시 앞 페이지로 돌아가 금융감독원이 발표한 자료를 살펴보자. 아까는 벌어들이는 것만 눈여겨보느라고 그 옆에 소비금액이 같이 표시되어 있는 것을 미처 발견 못했을 것이다. 이번에는 소득을 계산하는 방식과 동일한 방법으로 평균적인 소비를 계산해보자.

한 남성이 대학을 졸업하고 27세에 취업에 성공하여 사회생활을 시작한다고 가정해보자. 그리고 은퇴는 65세에 한다고 희망적인 가정도 추가해보자. 이 남성이 평생에 걸쳐 쓰게 될 돈은 얼마일까? 인생의 이벤트에 따라 이 남성이 생활비를 지출하고 결혼도 하고 자녀도 하나 낳는 것까지 계산에 추가해본다.

주택자금은 결혼할 때 남자 쪽에서 번듯한 30평형대 아파트를 사온다면 더 바랄 것이 없겠지만 현실적으로 요원한 일이다. 전세로 시작하여 매매 없이 계속 전세로 거주한다는 것으로 가정해본다. 총 전세 비용은 서울 아파트 평균 전세가격 2억 5,000만 원을 기준으로 한다.(지역에 따라 평형에 따라 물론 다르다.)

먼저 생활비는 아파트 관리비부터 시작하여 교통비, 휴대폰 요금까지 포함하여 월 150만 원으로 검소한 삶을 산다고 가정해보자.(자동차가 있으면 기본적으로 한 달 유지비가 기름값+보험료로 30~50만 원 정도 올라간다.) 80세까지 살면 27세부터 80세까지 53년간 매월 150만 원, 1년에 1,800만 원씩 9억 5,400만 원을 사용하게 된다.

교육비는 사교육비를 얼마 지출하느냐에 따라 달라지지만 평균적으로 자녀의 유치원에서 대학교 졸업까지의 비용을 고려해보자.

유치원 교육비 한 달 50만 원(유치원 비용에 한두 개 과목 학원을 다니면 기본 50만 원이다.)으로 2년간 연 600만 원씩 총 1,200만 원, 초등학교 6년간 한 달 70만 원으로 검소하게(?) 공부시키면 연 840만 원으로 6년간 5,040만 원, 중고등학교 6년간 한 달 100만 원으로 교육시키면 연간 1,200만 원으로 총 7,200만 원이 든다. 대학교 입학 전까지 중간계산 해보면 유치원 1,200만 원+초등학교 5,040만 원+중고등학교 7,200만 원으로 총 1억 3,440만 원이 필요하다.

1억 3,440만 원은 대학 직전까지의 비용이고 이후 4년간 대학을 다닌다고 하면 1년에 학자금+자녀용돈으로 1,000만 원씩 해서 4,000만 원으로 계산할 수 있다. 여기엔 약간의 변수가 있는데, 만약 자녀가 아르바이트로 용돈과 학비를 마련한다면 4,000만 원은 아낄 수 있다. 그래서 종합해보면 기본 1억 3,000만 원에 대학교 학비 4,000만 원이 추가되어 1억 7,000만 원이다.

여기까지의 결과를 중간집계 해보자. 생활비는 평생 월 150만 원 기준으로 9억 5,000만 원, 고등학교까지 자녀교육비는 1억 3,000만 원, 주택자금은 전세 기준 2억 5,000만 원으로 총 13억 3,000만 원이 필요하다. 아주 검소하게 생활하는 경우에 이러하다는 것이니, 여기서 생활의 품격을 조금 높인다거나 자녀에게 과외 교사를 붙여준다거나 하면 비용은 걷잡을 수 없이 높아지게 된다. 지금까지의 내용을 간단히 표로 정리해보자. 절망감이 엄습해오게 될지라도.

우리의 일생에서 가장 큰 소비 비중을 차지하는 것은 생활비다. 주택

생활비	월평균 150만 원	연간 1,800만 원	기간 53년	총비용 9억 5,400만 원
생활비 합계				9억 5,400만 원
교육비(유치원)	50만 원	600만 원	2년	
교육비(초등학교)	70만 원	840만 원	6년	
교육비(중고등학교)	100만 원	1,200만 원	6년	
교육비 합계				1억 3,440만 원
교육비(대학교)	83만 원	1,000만 원	4년	4,000만 원
주택자금				2억 5,000만 원
총합계(대입 전)				13억 3,840만 원
총합계(대학교 포함)				13억 7,840만 원

자금이나 교육비는 생활비에 비하면 높은 비중이 아니라 볼 수 있다. 그렇기에 소비에 있어서 생활비를 어떻게 조절하는가의 문제가 가장 핵심적인 사항이라고 할 수 있다. 도입부에서 이야기했듯이 소비와 저축의 두 날개로 관리한다고 할 때, 소비에서는 생활비를 어떻게 관리하느냐가 가장 중요한 포인트다.

사실 생활비는 교육비나 주택자금에 비해 개인의 결심으로 가장 잘 조절할 수 있는 항목이기도 하다. 일상생활을 통해 소비되는 금액들을 잘 조절함으로써 목표를 달성할 수 있기 때문이다. 교육비는 자녀의 재능이 발견된다면, 그에 맞게 늘어야 할 항목이고, 주택자금도 부동산의 시세에 따라 전세, 월세, 매매가격이 결정되기에 내가 결정할 수 있는 선택권이 별로 없다. 하지만 생활비는 내가 정할 수 있다. 다시 한 번 강조한다. 생활비만 잘 관리해도 평생의 지출을 대부분 통제할 수 있다.

8억을 지키는 방법부터 고민해라

우리는 80세까지 총 12억 9,360만 원, 70세까지라면 11억 4,900만 원을 소비하게 된다. 물론 화폐의 가치나 물가상승과 같은 요인은 고려하지 않았기에 소비하는 금액은 더 많을 수 있다.

금융감독원의 계산에 의하면 80세를 기준으로 평생 버는 돈은 20억 내외, 평생 쓰는 것은 12억 내외라 할 수 있다. 그럼 차이 분 8억 원은 어디로 가는 것인가? 흥청망청 쓰지도 않는데 대체 8억 원, 이거 다 어디로 가는 것인가? 30세에 시작한 경제생활에서 1년 평균 1,600만 원의 행방이 묘연해진다는 계산이 나온다. 다시 말하면 우리가 알게 모르게 공중으로 날려버리는 금액이 평균적으로 월 100만 원 이상이라는 이야기다. 믿기힘들지만 숫자는 거짓말을 하지 않으니 부정하기도 힘들다.

계속해서 강조하고 있는 바와 같이 우리는 평균보다 나은 사람들 아니겠는가. 적어도 우리는 이렇게 연기처럼 사라지고 기억도 못하게 될 금액은 없도록 해야 할 것이다. 월급 관리는 이렇게 공중으로 휘발되는 돈을 붙잡는 작업이기도 하다.

Chapter_ 06

더 벌면
상황이 나아질까?

왜 그러는 걸까? 맞벌이 부부라면 금방 부자가 되어야 하는데, 상담에서 보는 많은 맞벌이 부부들은 왜 하나같이 월급은 빠듯하고 돈 나갈 곳은 많다고 신세한탄을 하는 걸까?

그냥 엄살인지 아니면 적나라한 현실인지 구분하기 어려울 때가 많다. 적게는 각자 2,000만 원 정도를 받는 부부에서부터 많게는 억대 연봉인 전문직 부부까지 모두 비슷한 고민을 털어놓는다. 언뜻 생각하면 외벌이보다 맞벌이 부부가 재테크에서는 훨씬 유리한 위치에 있을 듯한데 실상은 꼭 그렇지도 않다.

버는 것도 더블, 쓰는 것도 더블

맞벌이 부부는 분명 외벌이 가정보다 수입이 2배 가까이 된다. 그런데 쓰는 것도 2배 가까이 되기 때문에 웬만큼 관리에 신경 쓰지 않으면 신혼의 경우, 또는 신혼이 아닌 자녀가 있는 경우 구분 없이 마이너스 가계부가 될 가능성이 높다.

🐷 맞벌이 신혼부부

선진국스러운 맞벌이 신혼부부는 공통의 생활비 통장을 만들어놓고 정해진 금액만 채우면 나머지 금액은 서로 신경 쓰지 말자는 식으로 돈 관리를 한다. 할당량만 채우면 나머지는 쓰고 싶은 곳에 마음껏 쓰는 구조다. 어떻게 보면 서로에게 간섭하지 않는 세련된 라이프스타일이지만 여기서 노터치 부분이 고민의 원인이 된다.

기본적인 생활비나 주택대출금 상환에 필요한 최소한의 할당량이 정해지고 나면 공통적으로 적립식 펀드를 넣거나 투자 상품을 소비할 필요를 느끼지 못하게 된다. 필요한 돈을 넣었으니, 나머지는 '제가 알아서 쓸게요' 하는 식이다. 하지만 명확한 목표를 정하지 않은 금액들이 얼마나 효율적으로 사용될 것인지 의심스럽다. 그래서 선진국스러운 신혼부부에게 해주고 싶은 조언은 가급적 턱에 차오를 정도로 공통의 할당량을 높이라는 것이다. 쉽게 말해서 딴 생각 못하도록 말이다.

신혼부부 중에서 둘 중 한쪽이 경제권을 휘어잡는 경우도 있다. '나의 돈은 나의 돈, 너의 돈도 나의 돈' 이런 경우 아주 잘 되거나 아주 못될 수가 있다. 대부분의 경우(전부 다 그런 것은 아니라는 것을 미리 밝혀둔다.) 남성이 경제권을 잡게 되면 가정 경제는 결혼 전보다 훨씬 어려워질 가능성이 높다. 이유는 간단하다. 남자는 공격적이기 때문이다. 같이 벌어들이는 자금은 보수적으로 운용되어야 하는데 남자는 좋은 주식, 펀드에 승부사적인 기질을 보일 가능성이 아주 높다. 그래서 위험하다.

좋은 경우는 여성이 경제권을 꽉 잡고 포트폴리오를 구성하는 것이다. 보수적인 상품구성 80%, 남편의 애원을 반영하여 공격적인 상품구성 20%로 배분하는 식으로 가정경제의 포트폴리오를 구성하면 크게 잘못될 일이 없다. 투자에 자신 있는 신혼부부 남성이여, 부디 할당받는 20%의 공용자금을 잘 운영하여 조금씩 할당량을 늘려 가기 바란다.

🐷 자녀가 있는 맞벌이 부부

자녀를 양육하는 맞벌이 부부는 자녀 양육비가 아주 큰 비중을 차지한다. 0세부터 5세까지는 무상보육이 가능해졌지만 그 이후는 다시 사교육과 엄마가 일하는 동안 돌볼 보육시스템이 필요하다. 시어머니나 친정 부모님이라 해도 보육비는 드려야 한다. 여성이 버는 돈의 대부분은 생활비와 자녀 양육비로 사용된다. 그럼 남는 것은 남성의 월급인데, 남성의 월급이 모두 저축과 투자로 이어진다면 좋겠지만 남성의 월급은 남성의 사회생활 비용과 품위유지에 투입된다. 결국 남는 돈이 별로 없게 된다.

맞벌이 부부는 신혼부부든 자녀가 있는 부부든 구조적으로 월급이 부족하다고 느낄 수밖에 없다. '상대방도 버니까'라는 심리가 작용하여 씀씀이가 커지는 것도 있고, 할당량만 채우고 나서는 연기처럼 사라질 소비들을 마음껏 즐기기 때문이다.

그런 말이 있지 않은가. 사랑은 마주보는 것이 아니라 같은 곳을 바라보는 것이라고. 이 말은 맞벌이 부부에게 기가 막히게 필요한 말이다. 서로 할당량이라는 마주보는 지점을 만드는 것이 아니라, 함께 살아가기 위해 필요한 계획들을 고민해보고 설계하며 같은 곳을 바라보려는 노력이 필요하다.

맞벌이 부부에게 가장 필요한 것은 서로의 수입을 완전히 공개하고, 그에 따라 지출계획을 세우는 일이다. 특히 남성들이여, 비자금을 만들어서 필요할 때 유용하게 사용하겠다는 욕심은 당장 버리기 바란다. 필자의 경우에도 회사에서 성과급이 지급될 때 별도의 통장을 만들어 '여기로 보내주세요' 신청하고 따로 비자금을 만들어본 적이 있는데, 재테크에 아무 도움이 되지 못했다. 때마침 돈이 급한 친구가 목돈이 필요하다 하여 쿨하게 빌려주었기 때문이다.

또한 맞벌이는 여성의 출산 이후 경제적 상황에 대비해야 한다. 여성은 아이를 낳고 일정기간의 휴가를 보낸 후 직장에 다시 복귀해서 일을 할 수 있지만, 아이가 어느 정도 크게 되면 그때부터는 엄마의 전담 육아가 필요해지기도 한다. 자녀교육 문제로 직장생활을 그만두게 될 때 맞벌이 가정에서 외벌이 가정으로 전환되는데, 이때 당황하거나 경제적인 어려움을 겪지 않기 위해서는 미리 준비할 필요가 있다.

맞벌이라고 해서 상황이 나아지지 않는다는 사실은 돈의 절대적인 액수보다 돈을 관리하는 능력이 얼마나 중요한지를 다시 일깨워준다. 아무리 많이 번들 양쪽 주머니에서 돈이 나간다면 무슨 소용이 있겠는가. 혼자 벌든 둘이 벌든 중요한 것은 돈에 대한 관리 능력이다. 기억하자. 맞벌이라 해서 문제가 해결되지는 않는다. 오히려 맞벌이할 때 미리 돈을 모아서 외벌이로 전환될 때를 대비해야 한다.

🐷 맞벌이 예정인 미혼 남녀

결혼을 전제로 데이트를 하고 있는 남녀의 경우, 앞으로 결혼하게 되면 맞벌이 부부로서 남들의 부러움을 받게 될 것이다. 그런데 맞벌이 자체만으로는 안심할 수 없다. 왜냐하면 자녀를 얻게 된 다음의 일을 생각해야 하기 때문이다. 맞벌이에서 외벌이로 전환될 때 경제적으로 많은 영향을 받게 될 것이니 미리미리 상의해서 재무설계 및 재테크 계획을 함께 세워 놓아야 한다.

데이트를 하는 즐거운 시간 동안 서로의 미래에 대해 계산기를 두들겨 가면서 계획을 세워보는 의미 있는 시간을 가져보면 좋을 듯하다. 너무 현실적이고 낭만적이지 못하다고? 결혼한 선배들에게 물어보시라. 다 필요 없고 자기만 있으면 행복하다고 맹세를 나누던 수많은 연인들이 언제부터 부부싸움을 시작하는지.

아직 급하지 않을 때, 재테크 연습이 필요하다

맞벌이 가정이든, 외벌이 가정이든 본격적으로 자금이 필요한 시기는 자녀 출산 이후다. 자녀 출산 이전에는 부부의 기본적인 생활비를 제외하고는 특별히 크게 돈 들어갈 일이 없기 때문에 저축과 투자에 집중할 수 있다. 많은 젊은 부부들이 '아직 자녀가 태어나지 않았으니, 조금 더 인생을 즐기겠다'라는 생각을 갖고 있는데, 이런 태도가 계속되면 자녀가 대학교 졸업할 때까지 아무것도 하지 않을 확률이 높다.

자녀가 태어나기 전까지의 기간을 신혼이라고 생각한다면, 신혼기간이야말로 재정을 관리하고 소비와 저축을 연습해볼 수 있는 최고의 워밍업 기간이다. 자녀가 태어나면 모든 지출의 우선순위가 바뀌게 되어 새롭게 계획을 수정해야 한다. 그 우선순위가 바뀌는 과정에서 미리 워밍업이 잘되어 있다면 적응이 빠를 수 있지만, 연습이 제대로 되어 있지 않은 상태라면 마이너스 재무의 악순환을 거듭할 확률이 높다.

자녀 계획이 없으니까 '저랑은 상관없겠네요'라고 말하고 싶은 독자도 있는 것이다. 그렇다면 지금 재테크와 재무관리를 연습하지 않는데, 앞으로 잘할 수 있겠는가를 자문해보자. 연습기간을 잘 활용하시기 바란다.

그래도
월급은 죄가 없다

수 많은 재테크 전문가님 가라사대, 월급만으로는 부자가 될
수 없다고 한다. 그래서 눈에 불을 켜고 투자를 해야 하
며, 지금 당장 아무것도 하지 않는 사람은 유죄라 한다. 다른 한편에서는
월급만 모아도 충분히 살 수 있고, 노후준비도 몇 억씩 필요한 것이 아니
라 한다. 대체 누구 말이 맞을까?

사실 둘 다 맞는 이야기다. 같은 월급이라도 어떤 사람에게는 생활비로
쓰기에도 빠듯하고, 어떤 사람에게는 생활비도 쓰고, 저축도 하고, 투자
도 할 수 있는 금액이기 때문이다.

카드 연체만 안 해도 정말 괜찮은 걸까?

평균적인 우리의 모습을 생각해보자. 매월 25일 정도에 월급이 들어온다. 그런데 그 돈이 진짜 내 것이 되기 전에 먼저 손대는 곳이 몇 군데 있다. 가장 먼저는 신용카드 회사다. 결제일이 같은 25일이라면 돈이 들어오자마자 바로 인출해간다. 하루 전날 '내일은 XX카드 결제일입니다'라는 야속한 문자 메시지 하나 남기고. 이상하게 결제금액이 많다 싶어서 내역을 확인해보면, 지름신의 강림으로 인해 구매한 물건의 할부기간이 아직 끝나지 않았다.

무이자라고 해서 부담 없이 긁었는데, 카드회사는 약속대로 이자는 안 받고 냉정하게 원금(물건값)은 다 챙겨간다. 신용카드가 두 개라면 이번 달 25일에 두 개 회사에서 한꺼번에 결제금액이 빠져나가거나 카드 한 개는 결제일이 이번 달 25일이고 나머지는 다음 달 5일이나 10일일 것이다. 동시에 공격받으나 시간차로 공격을 받으나 아픈 것은 매한가지다.

신용카드만 결제하면 끝일까? 끝이 아니다. 이제 주택비용을 감당할 차례다. 월세로 생활하는 경우, 이번 달 말이나 다음 달 초에 집주인에게 보내야 할 월세를 준비해야 한다. 월세로 끝나는 것이 아니다. 관리비도 따로 준비해서 보내야 한다. 혹시 전세라면? 특별히 나가는 비용은 없겠지만 관리비는 고정적으로 나가고, 여기에 전세자금 대출을 받았다면 이자를 준비해야 한다. 요즘은 전세금이 많이 올라서 대출 없이 오로지 내 돈만으로 전세에 살아도 복 받은 경우다. 대출을 안고 산 집이라면? 관리비와 대출이자를 준비해야 한다.

신용카드, 주택비용만으로도 일단 나가는 돈이 적지 않다. 이걸로 끝인가 싶은데 아직 남은 것이 있다. 가입한 보험도 계속 유지해야 하고, 지인들의 경조사도 있다. 특히 결혼 적령기의 미혼남녀는 친한 친구가 결혼하는데 안 갈 수도 없다. 한꺼번에 여러 명이 청첩장을 돌릴 때도 있어서 은근 목돈이 나가기도 하고 여러모로 스트레스를 받는다.

신용카드, 주택비용, 인간관계비용까지 3가지 관문을 거치고 나서도 아직 통장에 만족스러운 잔액이 남아 있다면 그 사람은 초인적인 절제력과 굳은 의지를 가지고 있는 사람임에 틀림없다. 대부분은 3가지 관문 중에서 가끔 한두 개에 막혀서 마이너스 통장을 개설하거나 신용카드 회사의 현금서비스를 이용한다. 아니면 한 달 정도 어딘가에 양해를 구하고 보너스 달의 월급을 이용하여 결제를 하든가.

우리의 평균적인 모습은 이렇다. 월급날이 되어도 실제 내 월급으로 남는 돈은 거의 없으니, 재테크에 대해 여기저기서 온갖 노하우와 방법을 알려주고는 있는데 실행할 여력이 없다. 소득공제 되는 상품인 것은 알겠는데 상품에 넣을 돈이 없는 상황이다. 이번 달엔 보너스 안 나온 달이니 그렇다 치고, 다음 달에 보너스를 받아도 밀린 카드대금 결제하고 나면 이번 달과 크게 달라지지 않는다.

월급의 현주소를 인정하라

월급에 대해 항상 붙는 형용사가 있다. '쥐꼬리만 한'이라는 말이다. 누구에게나 월급은 쥐꼬리만 하다. 우리 부서의 부장님에게도 쥐꼬리이고, 나에게도 쥐꼬리이다. 대기업 회장님을 제외하면 '저한테 월급 너무 많이 주시는 거 아닙니까?'라고 하는 사람은 거의 없을 것이다. 그래서 월급에 대해서는 대부분 좀 적다고 생각하는 것이 자연스럽다.

사실 월급은 기본적으로 재테크를 하라고 주는 돈이 아니다. 잘 알고 있듯 근로에 대한 대가로 주어진다. '자네, 이 돈으로 재테크 하시게'의 성격이 아니라 회사에 시간과 노력을 제공한 것에 대한 보상이다.

회사 사장님이 아주 나쁜 사람이라서 월급을 주기로 했는데 반만 주거나 회사 사정 핑계대고 월급을 안 주면 유죄인 것이고, 제때 정해진 월급이 나온다면 특별히 월급에 죄를 물을 수 없다. 제때 지급되는 월급은 죄가 없다. 제대로 못 쓴 나에게 죄가 있다면 있을 뿐이다.

필자의 경우엔 연봉제가 오히려 독이 되었다. 근무하던 회사가 연봉제를 도입하여 이번 달엔 기본급만 나오고 다음 달엔 기본급의 2배가 나오고, 설이나 추석이 있는 달에 또 기본급의 2배가 나오니 어느 선에 맞춰서 수입과 지출을 정해야 할지 개념을 잡기가 어려웠다.

1년 중에 3월과 11월, 이렇게 1년 중 두 달은 기본급만 받아야 했는데 농담처럼 그 두 달은 춘궁기로 불렸다. 지출은 자연스럽게 보너스 달에 맞춰져 있는데, 소득은 기본급만 들어오는 경우 당연히 통장은 적자를 기록했다. 그래도 걱정하지 않았다. 춘궁기만 버티면 기본급의 2배를 받는 보너스 달이 올 테니까. 연봉제가 필자에게는 독으로 작용했다. 회사에서는 정해진 날짜에 정해진 금액을 통장에 넣어줬으므로 무죄, 나는 계획 없이 '한 달쯤이야, 연체해도 괜찮아'라는 마인드로 살았으니 유죄다.

월급의 주인으로 다시 태어나는 법

정해진 때에 약속된 금액의 월급이 들어온다면 소득에 대해서는 이상이 없다. 그럼 남은 것은? 그 돈을 어떻게 사용하고 관리하는가의 문제다. 공은 우리에게 넘어왔다. 같은 금액을 받는다 해도 어떻게 월급을 사용하는가에 따라 부족할 수도, 남을 수도 있는 것이다.

영화 〈반지의 제왕〉과 비슷하다. 절대 반지를 누가 가지고 있는가에 따라 세상이 안전할 수도 위험할 수도 있는 것과 마찬가지로 월급도 그렇다. 누가 사용하는가에 따라 우리 집 가계부가 안전할 수도 위험할 수도 있다. 이렇게 우리에게 넘어온 공, 어떻게 하면 좋을까?

가계부가 흑자를 기록하는 방법은 아주 간단하다. '들어오는 돈은 많게, 쓰는 돈은 적게' 시스템을 구축하면 된다.

🐷 입금을 늘리는 방안

우선 들어오는 돈을 많게 하는 방법이 있다. 직장에서 능력을 인정받아 작년보다 올해가, 그리고 올해보다 내년에 들어오는 월급이 더 많아진다면 일단 흑자의 가능성은 아주 높아진다. 월급이 300만 원에서 500만 원으로 업그레이드된다면 한 달 200만 원 정도의 추가적인 흑자 가능성이 있는 것이다. 그러나 불행히도 월급은 이렇게 마구 오르지 않는다. 사장님의 아들딸이 아닌 이상 진급도 느리고 월급이 오르는 속도도 매우 느리다. 진급하기 전 동일 직급에서는 매년 물가상승률 정도만 월급이 오르다가 한 직급 정도 승진해야 월급이 전보다 조금 많아진 것을 느낄 정도다. 게

다가 요즘은 회사에서 일할 수 있다는 것만으로도 부러움을 사는 상황 아닌가.

🐷 출금을 줄이는 방안

나가는 돈을 줄이는 것도 당신의 통장을 훈훈하게 만들어주는 좋은 방법이다. 그런데 이 방법 역시 쉽지 않다. 각종 할부금과 대출금, 그리고 신용카드 결제액으로 인해 내 손에 잡히는 돈이 거의 없게 되어서다. 굳은 결심을 하고 지출을 통제하려 해도 어느 순간 나의 소중한 월급은 연기가 공중으로 사라지듯, 손가락 사이로 모래가 스르륵 빠져나가듯 그 흔적을 찾기 힘들다. 남는 것은 통장에 남겨진 'XX카드 결제액'이라는 결제 내역뿐이다.

들어오는 월급보다 많이 지출하면 당연히 가계부는 적자를 기록할 수밖에 없다. 한 달 생활비를 300만 원 정도 쓰면서 아주 여유 있게 사는 사람의 월급이 200만 원이라면 그는 매달 열심히 일해서 한 달을 생활할 때마다 100만 원씩 손해 보는 삶을 살고 있는 것 아니겠는가.

🐷 돈을 잘 불리는 방안

열심히 노력하여 월급을 받아도 어느 정도 돈이 남게 된다면 그 돈을 효율적으로 굴려서 통장을 배부르게 할 수 있다. 우리 부장님이 한 달에 50만 원 저축하고 내가 한 달에 20만 원을 투자했을 때, 한 달 동안의 수익률이 200%, 300%를 넘으면 부장님의 저축액 50만 원이 부럽지 않은 결과를 얻을 수 있다. 간단하다. 그런데 여기도 문제가 있다. 대체 한 달

수익률이 200%, 300%인 상품이 있을까? 그런 상품이 있다면 필자도 책 쓰고 강의할 필요 없이 빚을 내서라도 투자하러 돌아다닐 용의가 있다. 한마디로 그런 상품은 '이제 없다.'

들어오는 돈은 많게, 나가는 돈은 적게

앞에서 우리의 통장을 두둑하게 유지할 수 있는 3가지 방안을 설명했다. 들어오는 돈을 늘리거나 나가는 돈을 줄이거나, 아니면 투자를 잘해서 적은 금액으로 많은 효과를 보는 방법. 그런데 어느 것 하나 쉬운 방법이 없다. 잠시 눈을 감고 생각해보라. 우리 부서의 부장님부터 시작해서 나와 함께 일하는 동료나 후배들의 모습. 누구 하나 돈이 넘치는 사람은 없지 않은가. 3가지 방법 중의 하나만 잘 사용해도 통장은 흑자경영이 가능한데 그렇게 하기가 쉽지 않다. 그래서 이렇게 정리한다.

🐷 들어오는 돈을 늘리는 것은 당신의 책임이다

승진을 통해 입금액을 늘리는 것이 가장 손쉬운 흑자경영이다. 하지만 필자가 아무리 도움을 준다 해도 당신이 회사에서 승진하는 데는 도움을 줄 수 없다. 그것은 각자의 몫이다. 열심히 근무하고 능력을 인정받는 수밖에 없다. 기왕 직장생활을 하는 월급쟁이라면 승진에 목숨 걸어야 한다. 이건 본인 책임이다. 승진에 대해서는 어떻게 해드릴 도리가 없다.

🐷 나가는 돈을 관리하는 것은 필자의 책임이다

이 책을 통해 나가는 돈에 대해 어떻게 접근하고 어떻게 관리해야 하는지 설명할 것이다. 그래서 이 책의 조언대로 당신이 행동한다면 필자가 설명을 제대로 한 것이고, 만일 이 책을 다 읽은 다음에도 당신이 그러면 안 되는 모습으로 소비생활을 하게 된다면 그것은 전적으로 조언을 제대로 하지 못한 필자의 책임이다.

멋있는 학교 선생님들은 '내가 잘못한 것이니 나를 때려라'라는 멋진 말씀을 하시겠지만 필자가 모든 독자를 찾아다니면서 나를 때리라 할 수는 없다. 그 점은 참으로 송구하다. 그러니 이 책을 덮은 후에도 나가는 돈에 대해 관리가 부실하다면 필자를 욕하도록 하라. 너무 많이는 말고.

🐷 남는 돈을 불리는 것은 당신과 필자 공동의 책임이다

조언해드린 대로 소비를 관리해서 매월 월급 통장이 플러스가 된다면 다음 단계에서는 그 플러스된 금액을 어떻게 관리하고 불려나가는가에 대한 해결책이 필요하다. 이것은 독자와 필자가 함께 풀어야 할 숙제다. 만약 제시한 돈 불리는 방법이 마음에 든다면 주저하지 말고 실행하시기 바란다. 선택하고 실행하는 것은 독자의 몫이고 올바른 조언을 하는 것은 필자의 몫이다. 함께 책임을 나누도록 하자. 그런 말 있지 않은가. 함께 가면 멀리 간다고.

투자를 먼저 하고, 그 다음에 남는 돈으로 소비하는가 아니면 그 반대의 순서인가?
투자가 필요하다는 것은 알지만 일단 들어오는 돈 자체가 적은데
무슨 투자인가 싶은 게 우리의 속마음이다.

소비의 늪에서
어떻게 탈출할까?

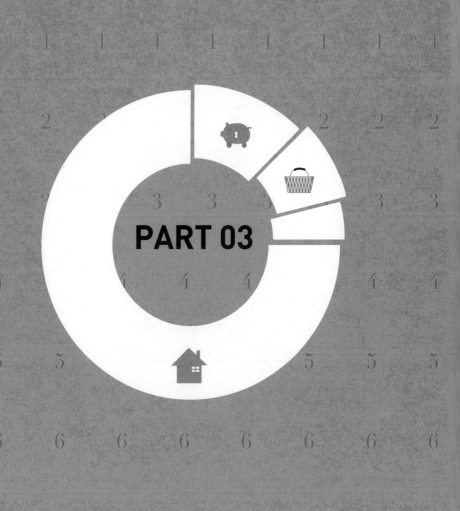

PART 03

Chapter_ 01

소비입니까,
낭비입니까?

필자는 지금까지 재테크 책에서 다루지 않았던 소비를 건드리고자 한다. 일반적인 재테크 책에서는 '부자'라는 단어를 강조한다. 강남 부자들이 어쩌고저쩌고, 빌딩 부자들은 어쩌고저쩌고 한다. 일단 열등감이 느껴지고 움츠러든다. 이후 책들은 공통적으로 우리도 그렇게 되기 위해 돈을 어떻게 굴려야 하는지 친절하게 알려준다. 부동산, 보험, 주식, 펀드 등 갖가지 수단을 통해 부자가 될 수 있음을 알려준다. 그런데 이 과정에서 의도적이든 의도적이지 않든 빠진 것이 있으니 바로 소비에 대한 부분이다. 그들은 이야기한다. 너의 상황은 잘 모르겠지만 일단 무조건 아껴서 투자하라.

그런데 우리네 삶은 어떠한가. 투자를 먼저 하고, 그 다음에 남는 돈으로 소비하는가 아니면 그 반대의 순서인가? 투자가 필요하다는 것은 알지만 일단 들어오는 돈 자체가 적은데 무슨 투자인가 싶은 게 우리의 속마음이다. 그렇다고 무조건 안 쓰고 살 수도 없고. 필자는 소비가 나쁘다고 주장할 생각이 없다. 다만 재테크의 시작은 투자가 아니라 소비에 있다는 걸 말하고 싶다. 그래서 우리가 어떤 선택을 해야 하는지, 그리고 소비를 할 때엔 어떻게 해야 현명한 것인지를 알려주고 싶다. 월급 관리를 이해하기에 앞서, 과연 소비란 어떠한 것인지를 먼저 생각해보자.

소비와 낭비, 얼마나 다를까?

소비와 낭비, '비'로 끝나는 두 단어는 어떻게 다른가? 아마 우리나라 인구만큼이나 많은 의견이 분분하지 않을까. 남자에게는 여자들의 명품 가방값이 이해되지 않을 것이고, 여자에게는 남자들의 유흥비와 음주가무비가 이해되지 않을 것이다. 그래서 누구든 자신의 입장에서 다른 사람이 쓰는 돈에 대해 소비다, 낭비다 규정짓는 것은 위험하다. 상대적일 수밖에 없는 문제다. 그래도 스스로 자신의 소비를 판단해볼 수 있는 어떤 기준은 필요하다. 필자가 제시하는 기준은 다음과 같다.

🐷 소비 : 100을 지출하였을 때 100의 가치를 얻을 수 있는 것
만일 100의 값어치를 하는 제품에 대해 100을 주고 산다면 그것은 소비라 할 수 있다. 간단히 말해 제값 주고 사는 것인데, 여기서 중요한 점을 발견할 수 있다. 만일 50의 값어치인데 100을 준다면 그것은 무엇인가?

호구 또는 호갱이(호구+고객님의 합성어로서 바가지를 뒤집어쓰는 고객을 비하해서 가리키는 말) 취급을 받은 셈이다. 만약 같은 제품인데 매장에서는 100만 원이고 인터넷에서는 50만 원이라 한다면 인터넷으로 사는 것이 돈을 아끼는 현명한 소비다. 마찬가지로 100만 원의 제품을 20% 세일해서 80만 원에 살 수 있다면 어떨까? 현명한 소비일 수 있다. 20%를 아꼈으니까. 그런데 여기서의 문제는 대부분의 판매자들이 20% 세일을 한다 해도 세일할 것을 미리 예측하고 가격을 책정한다는 점이다. 100만 원짜리 물건을 130만 원이라고 적어놓고 20% 세일해서 '고객님, 원래 130만 원인데 20% 할인 혜택 받으셔서 104만 원에 사시면 26만 원이나 싸게 사는 거예요'라 한다. 가격을 떠나 그 물건의 가치를 제대로 알아볼 수 있는 똑똑한 소비가 그래서 필요하다. 비싸다고 좋은 물건이라고 할 게 아니다.

여기서 우리가 알아둬야 할 중요한 포인트는 '소비라는 것은 100을 지출했을 때 100의 가치를 얻는다'는 점이다.

🐷 낭비 : 100을 지출하였을 때 100보다 못한 가치를 얻게 되는 것

큰맘 먹고 100만 원짜리 옷이나 가방을 샀는데, 다음 달에 유행이 지나버린다면 어떨까? 옷이나 가방은 집에서 주인님이 다시 자신을 찾아줄 때까지 얌전히 기다려야 하는 신세가 될 것이다. 하지만 아무리 기다려도 그 아이템들은 세상 구경하기 힘들 것이다. 주인님이 유행이 지난 것을 들고 다닐 일은 없을 테니까. 위치만 집 안에 있다 뿐이지 사실상 쓰레기통에 있는 것이나 다름없다.

낭비는 이처럼 100의 값을 지불했으나, 100만큼의 값어치를 얻지 못

할 때를 말한다. 100만 원짜리 상품을 샀으면 100만 원어치 기쁨이나 즐거움을 얻을 수 있어야 하는데 그렇지 못한 경우가 많다. 눈을 감고, 지금까지 구매한 물건들을 살펴보자. 그 모든 물품들이 제 값어치를 하고 있는가? 만일 제 값어치를 다하고 있는 상품들이라면 소비를 한 것이 맞다. 그러나 제 값어치를 못하는 상품들이라면 낭비한 것이다.

복권의 경우를 예로 들어보자. 100만 원어치 로또복권을 구매한다고 했을 때(1인당 구매 한도는 10만 원으로 제한되어 있지만 옆 가게에 가서 사면 되니까 사실상 복권 구매는 무제한이라 볼 수 있다.) 일요일이 지나 6개의 공이 1등 당첨자를 가려내면 그때 100만 원어치 복권의 값어치가 결정된다.

상식적으로 복권에 당첨될 확률은 대단히 낮다. 그래도 사람들은 '복권에 당첨되면 직장 때려치우고 말 거야, 나를 괴롭힌 상사에게 시원하게 욕 한 바가지 해준 다음!'이라는 희망을 갖고 복권을 산다. 낭비도 이런 낭비가 없다. 복권으로 1주일간 희망을 가질 수 있다 하는데, 희망을 어떻게 돈 주고 살 수 있다는 것인지 이해하기 어렵다.

- 소비 : 100의 값을 주고 100의 값어치를 얻는 것
- 낭비 : 100의 값을 주고 100 미만의 값어치를 얻는 것

지불한 것보다 더 얻고 싶다면?

100을 넣어서 나중에 100 이상을 얻고자 하는 것이 투자다. 주식, 펀드, 부동산을 통해 100을 넣어서 나중에 120이나 150을 얻는 것이 투자다. 수많은 재테크 서적들이 이야기하는 부자 되기, 1억 모으기가 지금 당장 돈 쓰고 싶은 마음을 억누르고 투자를 잘 해서 나중에 더 큰 목돈을 손에 쥐라는 조언들 아닌가.

그런데 여기서 한 가지가 궁금해진다. 왜 나중에 돈이 더 많아질 것을 알면서도 사람들은 투자를 하지 않는 것인가 말이다. 그 이유는 사람마다 다른데, 어떤 사람은 '미래는 무슨 미래야'라는 사람도 있고, 투자할 돈이 없어서 그런다는 사람도 있다. 어떤 사람은 나중에 벌어들일 돈보다는 지금 당장 돈 쓰는 것을 선택하고, 또 어떤 사람은 나중에 벌어들일 돈을 위해 지금의 즐거움과 소비를 억제하는 선택을 한다. 선택의 결과는 지금 당장이 아니라 시간이 지남에 따라 나타날 것이다. 사실 이것이 가장 무서운 결과이기는 하다.

다시 생각해보자. 집 안에 쌓여있는 물품들이 어느 정도의 값어치를 하고 있는지 말이다. 소비와 낭비를 구분하는 관점에서 보자면 제값 주고 필요한 값어치를 얻고 있다면 소비를 잘하고 있는 것이다. 반대의 경우는 잠시 반성을 하고 앞으로 안 그러면 된다. 현명한 소비를 늘려나가는 것이 월급 관리의 시작이다.

Chapter_02

오늘의 선택이
내일을 말해준다

그 사람이 어떤 사람인가를 알기 위해서 가장 먼저 사용되는 것은 시각적인 정보다. 옷차림을 통해 그가 어떤 사람인지 파악하는 것, 시쳇말로 견적이 나오는 것이다. 남성의 경우 얼마짜리의 양복을 입고 어떤 브랜드의 시계를 차고 있는지, 어떤 자동차를 타고 다니는지를 보고 대략적인 판단을 할 수 있다.

여성의 경우도 비슷하다. 어떤 브랜드의 옷을 입고 있는지, 어떤 가방을 들고 있는지를 보면 대략적으로 어느 정도의 생활수준으로 어떻게 살고 있겠구나 하는 것을 파악할 수 있다. 참고로 필자도 신입사원 교육 과정에서 만일 옷이 이상하면 그 옷을 보게 되지만 옷이 좋으면 그를 보게 된다고 강의한다. TPO(시간, 장소, 상황)에 적합하게 적절한 옷을 입으면 옷보다는 그 사람이 주목 받는다는 의미다.

하지만 외모가 보여주는 것은 지금 현재의 모습일 뿐이다. 앞으로 어떻게 살게 될지는 지금 입고 있는 옷이나 장신구가 말해주지 않는다. 그래서 인생은 재미있는 것인지도 모른다.

지금 나는 무엇을 가지고 있는가?

지금 소유하고 있는 것들은 무엇인가? 그게 지금까지 내가 어떻게 살아왔는가를 보여준다. 좋은 차와 좋은 집을 가지고 있다면 그만큼 돈을 벌어서 그것들을 살 수 있었다는 의미다. 물론 물려받아서 돈을 벌지 않고도 가지고 있는 경우가 있기는 하다. 부러울 따름이다.

여기서 주의할 점이 하나 있는데, 사기꾼들 역시 심하게 꾸미고 다닌다는 것이다. 낡은 집에 살면서 자동차는 외제고, 매우 비싼 상표의 옷을 걸치고 다닌다. 나는 돈이 많으니 당신의 돈을 훔칠 그런 사람은 아니라는 것을 보여주어야 하기 때문이다. 필자도 그런 사람을 목격한 적이 있다. 돈이 없어 여기저기서 빌리는 사람이 자동차는 외제차를 리스해서 타고 다녔다.

지금까지 내가 사서 보관하고 있는 물품들은 내가 어떤 것에 관심을 가지고 어떤 것에 기꺼이 돈을 써왔는지를 상징적으로 보여준다. 전쟁 같은 인생 속에서 쌓아놓은 전리품들이 바로 현재의 소유물이다. 그런데 만일 좋은 옷이 없다면 그 사람은 인생의 전쟁에서 패배한 사람일까? 아니다. 그 사람에게는 치러야 할 다른 전쟁이 있었을 뿐이다. 좋은 옷 대신 여행을 선택했을 수 있고, 고급스러운 가방을 포기하고 외국 유학을 준비하고 있을지도 모른다. 그래서 현재의 모습은 현재까지의 인생만 보여준다. 앞으로 어떻게 될지는 보여주지 않는다.

현재의 소유물, 즉 지금 가지고 있는 물품들은 내가 인생을 어떻게 살아왔고 어떠한 것에 관심을 두고 있는지를 보여주는 동시에 앞으로 인생을 어떻게 살아갈 것인가에 대한 힌트가 된다.

현재 어디에 돈을 쓰고 있는가? 자기계발을 위해 학원에 다니면서 어학공부를 하거나 자격증을 따기 위해 준비하고 있는가? 그렇다면 당신은 더 향상된 실력과 자격증을 손에 넣을 것이다. 당장 눈에 보이는 성과를 얻는 것은 아니지만, 포기하지 않는다면 미래에 더 나은 나를 만나게 될 것이다.

간밤에 유흥을 위해 돈을 지출했는가? 자기계발을 위해 공부한 동료와 현재 시점에서는 큰 차이가 안 보인다. 하루 이틀 가지고 인생이 결정되는 것은 아니고, 수능 시험도 아니니까. 그러나 매일매일이 그렇다면 이야기가 달라진다. 두 사람이 현재 가지고 있는 것이 같다고 해도 미래의 어느 시점에서는 다른 모습을 보이게 된다. 어제 돈이 지출되고 오늘 돈이 지출되는 것을 보면 미래에 어떤 삶을 살게 될 것인지를 예측할수 있다.

소비는 기회비용의 다른 이름

　월급은 무한하지 않다. 그리고 월급을 받을 수 있는 시기 역시 무한하지 않다. 그래서 나의 간택을 기다리는 무수한 소비의 기회 중에서 자신에게 가장 중요하거나 가장 필요하거나 가장 원하는 무엇인가를 선택하게 된다. 모든 선택이 그러하듯 이에는 결과도 따라온다. 이러한 선택의 문제를 두고 경제학에서는 '기회비용'이라 표현하고 있다. 같은 2시간이 주어졌을 때 공부를 하거나 영화를 보거나 한 가지만 선택할 수 있다. 만일 공부를 선택하면 그에 따르는 기회비용은 영화가 된다.

　우리가 받는 월급의 크기만큼 그에 맞는 기회비용이 있다. 이제 선택의 시간이다. 무엇을 얻고 무엇을 잃을 것인가. 항상 강조하듯 월급이 무한정이라면 이런 고민을 할 필요가 없다. 다 가지면 되니까. 하지만 정해진 월급이 있기에 우리는 고민하고 선택할 수밖에 없다.

　우리에게 주어진 소비의 기회 속에서 우리는 중요하게 여겨지는 것을 택한다. 그렇다면 무엇이 중요할까? 답은 각자의 몫이다. 다만 확실히 알 수 있는 것은 항상 선택에는 그에 따른 결과물이 존재한다는 무서운 사실이다. 낭비를 선택했는가? 그렇다면 무가치한 쓰레기들을 얻게 될 것이요, 소비를 선택했다면 제 값어치를 하는 무언가를 얻게 될 것이다. 투자를 선택했다면 더 많은 값어치를 얻게 된다. 아주 간단하다. 그런데 어떤 것들은 알면서도 실제 생활과 연결되기가 어렵다. 그래서 재테크가 어렵나 보다.

Chapter_ 03

나 중심의
소비가 필요하다

우리가 무언가를 소비하는 이유는 둘 중의 하나 때문이다. 필요하거나 원하거나. 좋은 자동차를 사는 것은 자동차를 통한 이동이 필요한 경우, 그리고 더 좋은 사회적인 대접을 받고 싶거나 과시하기를 원하기 때문이다. 후자의 경우는 소비의 기준이 내가 아니라 남에게 맞춰져 있다. 비싸고 좋은 옷이나 비싸고 넓은 집도 비슷한 경우라 볼 수 있다. 당신은 어떠할 때 돈을 쓰는가?

돈을 쓰게 되는 가장 기본적인 이유는 일단 필요해서다. 특히 의식주의 문제가 그러한데, 돈을 많이 벌고 싶고 돈이 많았으면 하는 이유가 이것 때문 아니겠는가. 먹고, 입고, 자는 문제는 인간으로 살아가면서 가장 기본적으로 풀어야 할 숙제이다. 그래서 의식주에 들어가는 돈에 대해서는 무죄를 주장할 수 있다.

생활수준에 따라, 급여에 따라 그 품질이 달라지고 지불액이 달라지기는 하지만 의식주와 관련해 필요한 경우는 무죄다. 돈을 아끼겠다고 밥을 굶으면 나중에 병원비가 더 많이 들어갈 테니까.

매슬로우(Maslow)의 '욕구 5단계설'을 떠올려보자. 그의 이론은 인간은 의식주에서 시작하여 각 단계별로 필요한 것이 채워지면 궁극적으로는 자아실현을 추구한다는 것인데, 돈의 지출에 있어서도 매슬로우의 이론은 유효하다.

기본적인 필요를 채우기 위해 돈을 사용하는 것에서 시작해 중간 단계에 해당되는 욕구가 사회적인 존경이다. 다른 사람에게 좋게 보이고 싶고, 다른 사람의 칭찬을 받고 싶은 욕구를 의미한다. 인간은 사회적인 동물이라 하지 않던가. 이왕이면 타인과의 관계에 있어 조금 나은 대접을 받고자 하는 것이 인간의 본성이다. 이러한 본성에 의해 서서히 소비가 필요(Needs)가 아닌 욕구(Wants)로 변하게 된다. 이왕이면 비싸고 멋있는 옷을 입고 싶고, 더 블링블링한 구두를 사고 싶다. 휴대폰도 유행에 뒤처지지 않기 위해 위약금을 물고서라도 새로 나온 첨단 스마트폰을 산다. 이러한 소비들이 모두 꼭 필요하지는 않지만 원해서 돈을 지출하는, 일명 '욕구'에 해당되는 소비라 할 수 있다.

필요와 욕구 사이에서

앞 장에서 이야기했던 바와 같이 옳고 그름의 구분에 의해, 무조건 필요에만 돈을 써야 하고 욕구에 돈을 쓰면 안 된다는 식의 가치 판단을 할 필요는 없다. 선택의 문제이고 그 결과에 따른 책임은 선택한 사람에게 있기 때문이다. 직장 동료가 돈이 없다고 해서 내가 책임을 질 이유는 없지 않은가. 마찬가지다. 내 지갑이 홀쪽하다거나 노후가 준비가 안 되었다고 해도 옆 사람이 책임져주지 않는다. 냉정하지만 공평한 세상이다.

금융업계에서 근무하는 사람, 서비스업에 종사하는 사람은 외모에 많은 비용을 지출해야 한다. 잘 다려진 고급 옷을 입어야 하고 볼펜도 좋은 것을 써야 한다. 그것은 그 사람들의 취향의 문제가 아니라 금융업계, 서비스업계에서 고객의 신뢰를 얻어 생존하기 위한 전략이다. 그러므로 각각의 소비와 지출에 대해서도 자신은 답을 알고 있다. 자신이 돈을 쓰는 물품이나 서비스가 필요에 의한 것인지 욕구에 의한 것인지 말이다.

우리나라에서 잘 나가는 대기업 중 하나인 현대그룹의 창업주 고(故)정주영 회장은 상당히 검소한 옷차림으로 출퇴근을 했다고 한다. 음식도 기름지고 비싼 것이 아니라 보통의 식당에서 간단하게 요기하는 것을 즐겼다. 대기업 총수인데도 말이다.

그분은 '남들이 나를 어떻게 생각할까? 나는 어떤 대접을 받을까?'를 신경 쓰는 단계를 지난 것이라 볼 수 있다. 매슬로우의 이론에서 가장 마지막 단계라 볼 수 있는 자아실현이 되었기에 그게 가능했으리라. 자신의 영역에서 성공한 많은 사람들에게서 이런 모습들을 많이 볼 수 있다.

남들의 시선을 의식하지 않게 되면 많은 부분에서 지출을 줄일 수 있다. 우리가 지출하는 많은 아이템들이 결국엔 다른 사람에게 더 좋은 모습을 보이거나 더 나은 대접을 받기 위한 것들이기 때문이다. 이 책의 독자분들도 충실한 소비를 하고 싶다면 남의 시선보다는 자기 자신에게 솔직한 지출을 계획하시기 바란다. 사실 그게 만족도도 더 높다.

필자의 경우에도 강의를 할 때에만 정장을 입을 뿐, 집 근처 카페에서 글을 쓰거나 학교에서 연구를 할 때에는 남루하기까지 한 차림으로 다닌다. 지금 이 글을 쓰고 있는 노트북도 2003년에 구입한 모델인데 10년 넘게 쓰고 있다. 카페에서 보면 성능 좋고 세련된 노트북들이 많이 보인다. 필자가 남들의 시선을 의식했다면 최신 노트북을 구입했겠지만, 글을 쓰기 위한 노트북이고 워드 프로그램 돌아가는 것으로 충분하니 필자에게 최신 노트북은 낭비일 뿐이다.

Chapter_ 04

돈, 제대로
쓰는 법부터 익혀라

필자는 입사 후 출근 시간의 만원버스나 지하철에서 또는 월급날 내 월급 통장에 월급이 들어올 때 '내가 직장인이구나'라고 느꼈다. 독자들도 비슷하리라 보는데, 특히 월급 통장에 월급이 들어오는 것은 신선한 충격이기까지 했다. 지금까지 학원이다 대학이다 하면서 돈을 쓰기만 하는 입장이었는데, 드디어 버는 단계에 이르렀기 때문이다.

학교에서는 소비를 가르쳐주지 않았다

미국은 학생들에게 재무생애(Financial Life)라는 과목을 통해 체계적인 경제 교육을 시켜준다는데, 우리나라의 학교들은 아직까지 그런 과목을 가르치지 않는다. 워낙 입시 위주의 교과목 편성이다 보니 그러하기도 하고, 부모님들 입장에서도 우선은 공부 열심히 해서 좋은 학교 가는 게 더 중요한 문제이기 때문일 것이다.

특히 우리의 부모님들은 자녀가 돈에 대해 알게 되는 것을 원하지 않는다. 필자 역시 그다지 넉넉하지 않은 가정환경에서 자랐는데도 불구하고 부모님은 등록금 걱정은 하지 말고 공부나 열심히 하라는 말씀을 하셨다. 지금 생각하면 참으로 감사한 말씀이다. 사실 세상 어느 부모가 자녀가 학교 다니면서 돈 걱정하기를 원하겠는가. 지금도 이 땅의 수많은 부모님들은 오늘도 자녀의 뒷바라지를 위해 묵묵히 자신의 상사에게 머리 숙이고 있다.

학교에서도 그렇고 가정에서도 그렇고, 어떤 투자 상품이 어떤 특성을 가지고 있는지 실제로 접해보고 배워볼 기회가 거의 없다. 학생들 입장에서도 당장 눈앞에 닥친 입시가 당면 과제인데, 굳이 시간을 내서 돈 벌면 쓸모가 생길 것들에 대해 미리 공부할 필요를 느끼지 못한다. 즉 학교를 졸업해서 직장인이 되기 직전까지는 특별히 현명한 소비는 어떤 것인지, 투자가 무엇인지에 대해 접해볼 기회가 없다. 그저 우리는 '착한 어린이는 아껴 쓰고 저축하는 성실한 어린이'라는 동요의 가사를 통해 아껴 쓰고 저축해야 하는 삶의 미덕을 간접적으로 배울 뿐이다.

회사에서도 소비를 가르쳐주지 않는다

필자가 입사했던 2000년에도 그러했고, 현재도 신입사원 교육에서 재테크 교육이 비중 있게 다루어지지는 않는다. 기업 입장에서는 직무역량을 키워주기 위한 교육에도 많은 비용이 들어가기 때문이다. 신입사원들에게 제공하는 교육은 회사의 비전과 가치관, 그리고 각 부서별 역할과 기본적인 직무 기술 정도로 요약된다. 현명한 소비, 재테크 이런 것들은 누가 교육시켜주는 것이 아니라 스스로 알아서 해야 하는 항목일 뿐이다.

신입교육 후 부서에 배치되면 직장 선배들이 재테크는 어떻게 해야 하는지 교육시켜줄까? 물론 아니다. 본인들도 잘 못하고 있는 마당에 누가 누굴 가르치겠는가. 결국 직장인들은 학교 졸업 후 직장생활을 시작하는 시기인 대략 24세부터 28세 정도까지는 소비나 재테크에 대해 배울 기회를 갖지 못한다.

사회 초년생들 입장에서 보면 입시지옥과 입사지옥을 통과하는 것 자체가 목적이고 입사해서 돈을 어떻게 벌고 어떻게 소비해야 하는지는 우선순위에서 밀릴 수밖에 없다. 일단 취직이 되어야 고민할 수 있는 문제들 아니겠는가. 그렇기에 자신이 돈을 어떻게 관리해야 하는지에 대한 고민은 입사 후 1~2년 정도 지난 시점에서 시작된다. 취업에 대한 고민이 해결되고, 1~2년 마음껏 월급을 사용해본 시점이 지나서야 이렇게 하면 안 될 것 같다는 생각의 씨앗이 심어지는 것이다. 그러니 대략 30세까지는 월급에 대해 크게 고민할 일이 없다.

사실 신입사원들 입장에서는 가장이 아닌 이상, 본인이 버는 돈은 모두 본인 용돈으로 사용되기에 월급이 부족하다는 생각을 하기 힘들다. 결혼 앞두고 전세가격이나 혼수비용을 알아봐야 하는 시점이 되면 그때서야 '이런, 많이 부족하잖아' 정도의 생각이 들기 시작한다.

'몰랐다'는 변명은 안 통한다

스포츠 게임에서 '그런 규칙이 있는지 몰랐어요'라고 변명하는 것은 아마추어들이나 동호회 수준의 모임에서는 일정 부분 허용된다. 친목을 다지기 위한 활동이니 규칙을 엄격하게 적용하기보다는 동참을 통해 말 그대로 친목을 다지면 되니까. 그런데 재테크에서는 이런 식의 '몰랐어요'라는 변명이 통하지 않는다. '저축은행에 5,000만 원 이상 넣으면 위험한 줄 몰랐어요'라든가 '엔화 대출을 받으면 원금과 이자가 올라갈 수 있다는 것을 몰랐어요'가 안 통한다. 개인은 아니지만 수많은 중소기업들을 울렸던 '키코(KIKO) 사태' 역시 '환율이 일정 범위를 넘으면 손해 볼 수 있다'는 사실을 몰랐기 때문에 분쟁이 발생했다.

재테크는 친목을 도모하는 활동이 아니다. 냉정하게 숫자로 판단해서 무엇이 나에게 이익이 되는지 판단하는 의사 결정이다. 그래서 '지금까지 제대로 재테크 교육을 받아보지 못해 몰랐어요' 하는 식의 변명이 통하지 않는다. 은행은 절대 '손실 가능성이 있는지 모르고 투자하셨네요. 죄송해요. 우리가 변상해 드릴게요'라는 아름다운 이야기를 하지 않는다.

권투선수들이 살벌하게 사각의 링 안에서 승부를 겨루어야 하듯, 우리도 살벌한 재테크의 세계에서 나에게 조금이라도 더 이익이 될 것이 무엇인지, 나의 상황에 어떤 것이 가장 알맞은지를 골라야 한다. 지금까지는 몰랐을지 모르지만 이제 조금씩 알게 될 것이다. 현명한 사람은 적은 수업료와 경험비용을 통해 재테크 게임의 규칙을 알게 될 것이고, 그렇지 못한 사람은 더 많은 비용을 지출하게 될 것이다. 후회하기 전에 룰을 알고 시작하는 편이 유리하다.

Chapter_ 05

지름신을 부르는
환경부터 바꿔보자

가끔 그런 순간이 있다. 나도 모르게 무언가를 구매하여 신용카드 번호와 CVS 번호를 입력하거나 공인인증서를 통해 안심클릭서비스를 이용하는 자신을 발견하는 순간 말이다. 말 그대로 내가 지름신에 홀렸나 보다 생각하게 되는데, 우리가 사는 세상은 너무나도 편리해 지름신이 강림하는 순간, 나도 모르게 그 속삭임에 넘어갈 수 있게 해주는 장치가 많다.

인터넷이 없던 시절에는 물건을 사거나 서비스를 이용하려면 몸소 상가에 방문해야 했다. 옷을 사려면 옷가게, 신발을 사려면 신발가게에 가야 했다. 그런데 세상이 참으로 편리해져서 이제는 상점에 직접 가지 않더라도 인터넷을 통해 물건을 살 수 있다. 화면에는 옷을 입은 모델이 '너도 나처럼 이 옷이 잘 어울릴 거야'라는 메시지를 보내고 구매 버튼만 클릭하면 신용카드 번호를 묻고, CVS 번호만 넣으면 구매 완료가 뜬다.

인터넷 쇼핑은 PC 앞에 있어야 한다는 나름대로의 제약이 있었는데, 이제는 그러한 제약도 없다. 스마트폰을 통해 언제 어디서든 손가락으로 몇 번 터치하면 바로 구매가 이루어진다.

TV 홈쇼핑의 경우도 마찬가지다. 이제 마감은 임박했고, 화면에는 주문전화 번호가 안내되고 있다. 전화로 문의만 해도 사은품을 보내준다고도 하고, 이 모든 것이 3만 9,900원밖에 안 한다고도 한다. 내가 보기엔 한 10만 원 받아도 손해 보는 장사일 것 같은데 고맙게도 1개에 1개를 더해 제품을 두 개나 보내준다고 한다. 물건을 사러 직접 가지 않고 눈으로 확인하지 않아도 된다. 화면 가득히 쇼핑 호스트들이 물건을 바르고 문질러보거나 들어보면서 얼마나 좋은 상품인지 친절하게 설명해주고 있다. 전화만 하면 된다.

고민할 것도 없고 번거로울 것도 없다. 무언가 돈을 지출하려 할 때, 몇 번의 클릭, 한 통의 전화로 해결된다. 우리는 이렇게 편리한 환경으로 인해 지름신의 강림에 취약할 수밖에 없다.

할부서비스의 마력에서 벗어나자

100만 원짜리 물건인데 지금 당장 자금이 부족하면 몇 개월에 나누어 할부로 살 수 있다. 한 달에 10만 원으로 10달만 지나면 물건은 내 것이 되는 것이고, 100만 원을 한 번에 지출하는 것은 부담스럽지만 10만 원이라면 부담이 훨씬 덜하다. 천천히 나누어 갚으라고 하니 이 얼마나 감사한 일인가.

2013년 1월에 들어 한바탕 해프닝이 있었던 무이자 할부도 참으로 매력적이다. 할부이자가 사실은 대단히 비싼 나름대로의 수수료인데, 고맙게도 3개월간은 할부에 따른 이자도 받지 않겠단다. 이자도 아낄 수 있으면서 금액 부담도 줄일 수 있는 무이자 할부는 참으로 하늘에서 내려준 선물 아닌가 싶다.

신용카드의 이러한 편리한 혜택들을 통해 지름신은 우리를 유혹한다. 이러한 유혹은 우리의 잘못이 아니다. 조금 더 나은 쇼핑 환경과 결제 환경이 우리에게 주어진 것이다. 지름신이라 표현되는 충동구매는 이렇게 편리한 쇼핑 환경을 통해 우리에게 부지불식간에 강림하고 있다.

불편하게 살기로 결심하자

자, 이제 스스로를 불편하게 만들자. 가장 쉬운 방법부터 실행해보자면, 우선 TV에서 선호채널 등록부터 하자. TV 채널을 돌릴 때 위아래 화살표를 통해 중간 중간 보이는 홈쇼핑 광고를 지나치는 것이 아니라 아예 선호채널에서 홈쇼핑 채널을 삭제하자는 것이다. 홈쇼핑을 통한 지름신의 강림은 이러한 방법을 통해 막을 수 있다. 다음은 인터넷이나 모바일 쇼핑인데, 가장 좋은 방법은 공인인증서를 없애는 것이다. 그러나 현실적으로 너무나 어려운 방법이다. 집에서 은행, 펀드와 같은 일들을 처리해야 하는 경우가 많으니까 말이다. 그래도 마음 굳게 먹고 집에 있는 PC, 사무실에서 쓰는 PC에서 공인인증서를 삭제하자. 그럼 은행이나 증권회사에 직접 가야 하냐고? 물론 아니다. 스마트폰을 통해 처리하자. 확률적으로 보면 스마트폰을 통해 무언가를 구매하는 것은 PC보다 불편하기 때문이다. 스마트폰에서는 다행히도 아직 PC처럼 팝업창이 뜨지는 않는다. 더불어 즐겨찾기에 등록된 쇼핑몰 리스트도 지운다. 습관적인 쇼핑을 방지할 수 있다.

인정할 것은 인정하자. 지름신의 유혹을 이기기는 쉽지 않다. 필자의 경우에는 이제 건강식품이 자꾸 눈에 들어온다. 저것만 먹으면 슈퍼맨이 될 것 같은 상품들의 유혹을 이기기가 어렵다. 이 책의 독자들도 각자 유혹을 이기기 힘든 쇼핑 아이템들이 분명히 있을 것이다. 유혹을 이기기 어렵다면 유혹에 노출될 기회를 의도적으로 줄일 수밖에 없다.

해야 할 일 vs
하지 말아야 할 일

할리우드 영화 중에 〈버킷리스트(Bucket List)〉라는 영화가 있다. 부유하지만 철없는 노인, 현명하지만 가난한 노인이 우연히 같은 병실을 함께 쓰게 되면서 마지막으로 세상을 떠나기 전에 인생에서 하고 싶었던 목록을 작성하여 하나씩 실천하고 그 과정에서 우정을 쌓아가는 감동적인 내용이다. 여기서 버킷리스트는 두 노인이 하고 싶었던, '해야 할 목록'에 해당된다.

하지 말아야 할 것에 관해서는 제대로 표현된 한국 영화가 있다. 배우 김래원이 주연했던 〈해바라기〉라는 영화가 그것인데, 그의 수첩에는 '술 마시지 않는다, 울지 않는다, 싸우지 않는다' 등 하지 말아야 할 것들의 리스트가 있다. 슬프게도 영화의 마지막에서 그는 하지 말자고 다짐했던 모든 것을 한꺼번에 한다. 왜 주인공이 하지 말아야 할 것들을 지키지 못했는지 궁금할 텐데, 영화를 꼭 보시기 바란다. 대단히 재미있다.

새해가 되거나 무언가 결심을 할 때 일반적으로 사람들은 '해야 할 일' 목록을 만든다. '새해에는 금연하자, 어학 공부하자, 돈을 얼마 모으자'라는 식이다. 자기계발 책들은 이러한 목표를 세울 때 수치를 함께해서 실천력을 높이라고 조언해주고 있다. 수치화된 목표를 세우고 그에 맞게 계획을 세우고 실천하라는 것. 아주 도움이 되는 조언들임에 틀림없다.

해야 할 일 목록은 재테크의 목적지다

월급 관리에 있어 해야 할 목록은 두말할 것 없이 필요하다. 어느 정도의 규모로 소비를 하고, 어느 정도의 돈을 남겨서 투자할 것인지, 1년이라는 단기간에 큰돈 들어갈 일은 어떤 것이 있고, 3년이나 5년의 중기에는 또 어떤 이벤트가 있는지, 그리고 10년 이상 장기로 들어가야 하는 자금들은 어떻게 계획을 세워야 하는지 점검하고 이에 맞게 실행할 목록이 필요하다.

만약 비행기가 인천공항을 출발할 때 기내에서 '목적지는 정해져 있지 않지만 연료는 꽉 채웠으니 염려마시고요, 아무 곳이나 되는 데까지 열심히 가보겠습니다'라는 식으로 방송이 나온다면 얼마나 황당하겠는가. 그런데 실생활에서는 이 만큼이나 황당하다고 비웃을 만한 일들이 많이 발생한다.

돈이 언제 얼마가 필요할지 전혀 계획이 없는 상태에서 '무조건 돈을 많이 모으자, 무조건 아끼면 된다'라는 식의 마인드를 가진 사람들이 있다. 하지만 계획을 세워서 준비하는 인생과 무계획적으로 되는 대로 대처하는 인생은 어느 선까지는 차이가 없지만 시간이 갈수록 서서히 차이가 벌어지기 시작한다. 그래서 진짜 돈에 대해 고민해야 하는 30대 후반이 되면 둘의 차이는 더욱 커지게 된다. 이러한 차이가 없도록 하기 위해, 그리고 돈에 대한 고민을 없애기 위해 '재테크에 있어서 해야 할 것들의 목록'은 반드시 필요하다.

'하지 말아야 할 것' 목록도 필요하다

또 하나 있어야 하는 것이 바로 '하지 말아야 할 것들의 목록'이다. 결심을 할 때 하지 말아야 할 것들의 목록은 해야 할 것들의 목록만큼이나 중요하다. 해야 할 것들이 있다면 그에 따라 하지 말아야 할 것들이 있을 수밖에 없다.

인간이 가진 재화와 서비스는 한정되어 있기 때문에 다 가질 수 없다. 무언가 합리성을 발휘하여 선택해야 한다. 하지 말아야 할 것들은 이런 측면에서 필요한 선택을 할 수 있도록 도와주는 역할을 한다. 무언가를 하려면 또 무엇인가는 하면 안 되는 법이니까.

대부분 소비와 관련된 어려움은 이것도 하고 싶고, 저것도 하고 싶다는 데서 나온다. 그래서 소비의 규모가 커지는 것이다. 남들 하는 대로 유행하는 아이템도 장착해야 하고, 그것과는 별도로 내가 가지고 싶은 것도 사야 한다. 월급의 수준이 충분해서 원하는 것을 다 구매해도 별 문제가 없다면 참 좋겠지만 그렇지 못하면 할부로라도 구매하게 된다.

필자도 낭비벽이 있음을 고백한다. 다른 것에는 무신경한 편인데, 연말이 되면 좋은 수첩을 사고 싶어서 견딜 수가 없다. 특히 프랭클린 다이어리는 속지만 갈아 끼워서 매년 쓸 수 있는 링바인더 형태임에도 불구하고 전체 세트를 새로 산다.(새로운 바인더에 풀세트로 속지를 사면 나름대로 비싸다.) 수첩을 하나 샀으면 잘 들고 다니면 되는데, 또 예쁜 메모장이 보이면 마치 밤에 불빛을 따라 날아가는 작은 벌레처럼 달려든다.

스마트폰에 훌륭한 메모 어플도 많고, 일정 관리도 할 수 있는 것을 알면서도 수첩을 보면 도저히 사고 싶어서 견딜 수 없다. 그래서 기분 좋게 계산하고 집에 오면 혼난다. 작년에 산 것도 아직 멀쩡한데 또 새로 샀느냐고 말이다. 필자의 하지 말아야 할 목록에는 '새로 수첩을 사지 않는 것'이 적혀 있다.

사격이나 양궁 선수들은 화살을 목표물에 명중시키기 위해 한쪽 눈을 감고 목표물만 본다. 경주용 말은 전속력으로 결승점만 바라보고 달릴 수 있도록 눈가리개를 한다. 월급 관리, 지출 관리에 있어서도 눈가리개 역할을 하는 금지 목록이 필요하다. 절대 사지 말아야 할 것, 절대 이것을 하느라 시간 낭비하면 안 되는 것을 정해놓고 생활해보자. 다음 장에서는 본격적으로 재테크에 있어서 하지 말아야 할 나쁜 돈의 습관들이 무엇인지 다루겠다.

할부는 월급을 관리하는 데 있어서 가장 큰 방해 요소다.
가급적이면 할부는 피해야 한다. 한 번에 사지 못하는 물건은
한 번에 살 수 있도록 돈을 더 모아야 하는 것 아니겠는가.
물건을 사는 방법이 달라져야 한다.

지금 당장 버려야 할
나쁜 돈의 습관

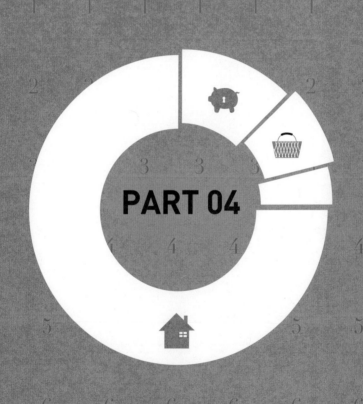

PART 04

Chapter 01

진짜 필요한 것은
카드로 살 수 없다

우 리나라는 이제 거의 모든 상점에서 신용카드를 사용할 수 있다. 돈을 주고 거래하는 거의 모든 것들을 일시불로 또는 부담스러우면 할부로 살 수 있다. 심지어 드라마를 보면 '돈으로 사랑도 살 수 있어'라고 외치는데 그게 가능한지, 필자는 아직 잘 모르겠다.

돈으로 집을 살 순 있지만 가정을 살 순 없다.

돈으로 시계를 살 순 있지만 시간을 살 순 없다.

돈으로 침대를 살 수 있지만 잠은 살 수 없다.

돈으로 책을 살 순 있지만 지식은 살 수 없다.

돈으로 의사는 살 수 있지만 건강은 살 수 없다.

돈으로 직위는 살 수 있지만 존경은 살 수 없다.

돈으로 피를 살 순 있어도 생명은 살 수 없다.

돈으로 여자는 살 수 있어도 사랑은 살 수 없다.

윗 글은 누군가 나에게 보낸, 4일 안에 다른 사람에게 보내라는 행운의 편지에 있던 글귀이다. 출처는 모르겠지만 어쨌든 정말 필요한 것은 돈으로, 즉 신용카드로 살 수 없다는 잊기 쉬운 사실을 깨우쳐준다.

돈으로 물건을 살 수는 있지만 그 물건이 가진 가치까지 살 수 있을까? 이런 경우를 생각해보자. 누군가 굳은 결심으로 어학원에 등록하여 한 달에 15만 원 정도를 어학 공부하는 데 소비한다고 하자. 이 사람은 현재 한 달에 15만 원을 소비하고 있지만 그것이 낭비일지 투자일지는 그가 어학 공부를 어떻게 하느냐에 달려있다.

다른 경우도 보자. 필자는 한 달이 아닌, 한 번 이용료가 10만 원인 헬스장에 등록한 적이 있다. 굳은 결심으로 1년치 100만 원 선불로 회원권을 끊었으나 초반에 10번 정도 가고 나머지 기간 동안 한 번도 이용한 적이 없었던 것이다. 그러니 결과적으로 한 달에 10만 원이 아니라, 1회 이용에 10만 원을 소비한 셈이다. 필자도 그런 낭비를 반성하고 있다.

보통 반성을 심하게 하면 다음에는 안 하기 마련이다. 지금 등록한 헬스클럽에서는 '본전 뽑자'라는 굳은 결심으로 이를 악물고 역기를 들고, 수영을 하고 있다. 어떤 소비든 그것이 진정한 가치를 가지려면 본인의 노력이 수반되어야 한다. 그런 의미에서 필자도 소비와 낭비의 경계선에서 아슬아슬한 줄타기를 하고 있는 셈이다.

신용카드로는 소비와 낭비만 가능하다

소비와 낭비의 공통점이 무엇인지 아는가? 바로 신용카드로 기분 좋게 결제가 가능하다는 사실이다. 우리가 투자라고 부르는 것들은 이상하게도 신용카드로 결제가 되지 않는다. 은행의 예금, 적금이나 증권사의 펀드, 보험사의 보험은 신용카드로 결제가 안 된다.

예를 들어 신용카드로 매월 적금 100만 원 결제, 이렇게 해놓으면 통장을 나누거나 할 고민이 없게 될 것이다. 신용카드 사용액이 곧바로 투자액이 될 것이니 말이다. 국민연금도 월급을 받을 때 알아서 떼어가는 원천징수가 아니라 신용카드로 결제할 수 있다면 참 좋을 텐데, 아직 그렇게는 안 되고 있다.

신용카드로 살 수 있는 것들, 소비 또는 낭비를 할 수 있는 것들은 우리 주변에 많다. 그런데 유일하게 신용카드로 살 수 없는 것이 있으니 바로 투자 상품이다. 그래서 신용카드 사용액을 달리 볼 필요가 있다. 사실 우리가 매달 결제하는 신용카드의 액수만큼 우리의 투자 여력은 줄어들고 있다. 매월 신용카드 결제 이후 통장에 잔액이 남았다고 기뻐할 것이 아니라 신용카드 결제액만큼 무언가 투자를 할 수 없었다고 봐야 한다.

기회비용이 여기에도 적용된다. 아주 극단적으로 이야기해서 '신용카드 사용액=투자의 기회비용'이다. 신용카드 사용액이 80만 원이라면 80만 원의 투자 기회를 놓친 것으로 계산할 수 있다. 앞으로 신용카드 내역서를 볼 때마다 투자를 못한 금액의 명세서 정도로 보시기 바란다. 매달 얼마나 투자 기회를 잃고 있는지 반성하게 되리라.

체리피커는 정말 똑똑한 소비자일까?

체리피커(Cherry Picker)란 말을 들어본 적이 있는가? 가장 맛있는 체리만 쏙 집어 먹는 사람을 뜻하는데, 기업에서는 소비자 중에서 판매자가 제공하는 각종 혜택만을 잘 활용하는 사람들을 일컫는다. 신용카드 이용자 중에는 카드사별로 제공하는 각기 다른 주유 할인이나 놀이공원 할인의 혜택을 이용하고 각기 다른 포인트 적립을 활용해, 필요한 경우마다 카드를 달리하여 최대의 이익을 얻을 수 있다고 생각하는 사람이 많은 것 같다. 스스로를 체리피커라고 생각하면서 말이다.

그런데 이 같은 카드 이용이 과연 진짜 체리피커일까? 각 카드사별로 제공하는 개별적인 혜택을 얻기 위해서는 여러 개의 신용카드가 필요하다. 게다가 카드마다 연회비도 따로 내야 하거나, 일정한 혜택을 얻기 위해 일정량 이상의 카드 사용액이 있어야 한다.

얼핏 보면 '나는 역시 스마트해. 필요할 때마다 주유용 카드, 커피숍용 카드를 따로 쓰니까 남는 장사를 하고 있는 거야'라고 생각할 수 있지만, 뒤로는 '고객님, 연회비 내셔야죠. 고객님, 한 달에 이 정도는 쓰셔야죠'라고 하는 카드회사의 정책 때문에 실질적으로는 밑지는 장사일지도 모른다.

생활하면서 어쩔 수 없이 신용카드로 결제해야 하는 것들이 있고 신용카드로 결제해야 이익이 되는 항목도 분명히 있다. 예를 들면 신용카드나 교통카드로 버스와 지하철을 이용할 때엔 현금보다 확실히 이익이다. 현금으로는 1,150원인데 카드로는 1,050원이니 일단 100원 정도의 차이가 있다. 환승을 하는 사람이라면 현금으로는 환승한다 해도 지하철과 버스의 요금을 계속내야 하지만 카드로는 환승한다 해도 일정 거리 내에서는 추가 요금이 없다. 그러나 신용카드의 혜택은 여기서 끝. 나머지는 신용카드로 얻을 수 있는 혜택이 없다고 보시면 된다.

리터당 100원 할인해주는 주유비도 이익이 크다고? 옳으신 말씀이다. 그러나 자동차를 사고 주유소에서 기름을 넣는 사람은 자동차를 살 때 이미 '주유비는 신경 안 쓰겠다'고 생각하는 것 아니었나? 조금 과격했다면 부드럽게 돌려서 말씀드리겠다. 주유비 할인 혜택은 분명히 매력적이다. 5만 원가량 주유할 때 리터당 2,000원 정도이니 25리터를 주유하게 되면 2,500원이나 아낄 수 있으니 말이다. 하지만 1만 원 정도의 주유 할인 혜택을 받으려면 20만 원어치 기름을 넣어야 한다. 트럭 몰고 장사 다니는 업종이 아니라면 사실 크게 매력적으로 보이지 않는다.

포인트로 부자 되는 사람 없다

남자들이야 나름대로의 체면이 있어 각종 판매자들의 포인트 카드를 잘 안 가지고 다니지만 여자들은 지갑이 불룩해질 정도로 포인트 카드를 가지고 다니거나 아예 포인트 카드용 지갑을 따로 가지고 다니는 경우가 있다. 어차피 나가야 할 돈이라면 그를 통해 포인트를 적립하겠다는 것은 상당히 긍정적인 마인드라 볼 수 있다. 축하드린다. 이제 포인트 많이 모아서 부자 되실 수 있으니 말이다. 그런데 왜 축하가 축하 같지 않을까?

신용카드 포인트를 활용한 네비게이션 무상 제공 이벤트 화면

우리는 모두 본능적으로 알고 있다. 포인트를 아무리 모은다고 해도 돈을 불리는 것과는 아무 상관없다는 것을 말이다. 포인트는 '많이 모아 오시면 다음에 살 때 좀 싸게 해드릴게요' 정도로 이해하시면 된다.

그림을 보자. OO네비게이션 업체에서 돈은 안 받고 신용카드 포인트만으로 50만 원 상당의 네비게이션을 준다는 내용이다. 영화 〈300〉의 페르시아 왕도 아닌데 참으로 관대하고 자비롭다. 이제 얼마나 그들이 관대한 혜택을 베풀어주는지 감상해보도록 하자.

일단 가장 아래쪽 XX카드에서는 일반 신용카드 사용액의 0.8%를 적립해준다 한다. 그걸 가지고 역산해보자. 0.8%의 적립포인트를 통해 15,188포인트를 모으려면 189만 8,500원을 써야 한다. 그것만으로는 뭔가 부족한 듯하니까 기타 소비 항목인 주유, 핸드폰, 후불 하이패스 등도 몽땅 이용한다고 보고 관대하게 사용 금액의 1%가 적립되는 것으로 다시 계산해보자. 그렇게 하면 151만 8,800원을 결제한 경우에야 비로소 1개월치 포인트가 적립된다. 그렇게 36개월, 즉 3년을 꽉 채우면 된다는 설명이다.

다시 말하면 매월 150만 원을 3년간 꾸준히 쓰면 50만 원 상당의 네비게이션을 내 것으로 할 수 있다는 뜻이다. 그렇다면 이 네비게이션, 저렴한 걸까?

조금 다른 버전도 있다. 백화점이나 마트에서 아주 스마트하게 고객을 유혹하는 방법이다. 10만 원 이상 구매 시 1만 원짜리 상품권을 증정하는 행사가 대표적이다. 필요한 물건을 다 사고 나니 7만 원 정도인 경우, 1만 원짜리 상품권의 유혹이 심하게 다가온다. '3만 원만 더 쓰면 1만 원이 생기는데…'라는 생각이 마구 든다.

그래서 나도 모르게 지금 당장 필요하지는 않지만 언젠가는 꼭 쓸 일이 생길 것만 같은 물건을 발견하기 위해 노력하여 10만 원을 채우게 된다. 그리고 자랑스럽게 1만 원 상품권을 받은 다음 성취감을 느끼면서 만족한다. 일단 상품권이 생겼으니 그걸로 다시 매장에 간다. 1만 원으로는 살 수 있는 게 없으니 약간의 돈을 더 보태서 미처 발견하지 못했지만 이번에도 언젠가 꼭 쓸 일이 생길 것만 같은 물품을 발견해서 구매한다. 물론 백화점이나 마트는 칼을 들고 위협하며 우리 매장에 다시 와야 한다고 협박하지는 않는다. 그러나 우리는 이러한 마케팅 기법에 쉽사리 두 손 들고 항복해버린다. 우리는 과연 현명하게 필요한 소비를 하고 있는 걸까?

수많은 재테크 서적, TV에 나오는 '난 이렇게 부자가 되었습니다'라고 하는 사람들의 이야기를 들어보라. '신용카드 잘 써서 부자 되었습니다. 포인트가 돈이 되어 돌아오더군요'라고 하지 않는다. 그들은 투자를 잘해서, 또는 사업을 통해 돈을 벌어들인 사람들이다.

신용카드는 어디까지나 소비의 영역이다. 돈이 들어오는 영역이 아니라 돈이 나가는 영역이다. 그리고 투자는 반대로 돈이 나가는 것이 아닌 들어오는 영역에 속한다. 돈이 나가는 영역에서 돈을 버는 것처럼 이야기하는 것이 과연 맞는 말일까?

신용카드는 이왕이면 같은 값어치에 대해 적게 지불할 수 있는 교통카드 정도로만 제한적으로 사용하는 것이 현명하다. 반복학습 해보자. 신용카드 잘 써서 부자 되는 사람은 없다. 반대로 신용카드를 안 써서 부자 되는 사람은 많다.

Chapter 02

선할인은
할인이 맞을까?

신용카드 회사의 선할인 혜택, 참으로 고마운 혜택이다. 값이 비싸서 좋은 것을 사고 싶어도 살 수 없는 우리네 인생을 위해 물건 값을 깎아준다는 이야기 아니겠는가. 그래서 이름도 선할인이다. 미리 깎아준다는 개념이다. 근데 선할인은 과연 선할인일까? 함께 계산해보고 생각해보자. 참고로 선할인이라는 말은 오해의 소지가 있기 때문에 이제 '선포인트 할인'으로 명칭이 바뀌었다 하는데, 이해를 돕기 위해 기존에 널리 쓰인 선할인이라는 용어를 사용하겠다.

혜택일까, 족쇄일까?

현대카드 홈페이지에서 설명하고 있는 현대카드 1장으로 모두 누리는 자동차 구매 혜택을 보니 무려 5가지의 엄청난 혜택이 보인다. 중국집에 메뉴가 너무 많으면 고르기 힘들다. 그래서 제일 매력적으로 보이는 '세이브-오토 혜택'과 '포인트 적립', 이렇게 두 개의 혜택이 어느 정도인가를 기준으로 계산해보았다.

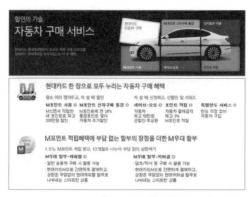

출처 현대카드 홈페이지 2013년 1월 16일 기준

🐷 세이브-오토 : 자동차 최고 50만 원, 선할인/후상환

일단 값을 깎아주고, 나중에 신용카드 포인트를 통해 천천히 갚으면 된다는 아주 친절한 혜택이다. 자세히 보니 50/30/20만 원 중에서 할인받고 싶은 금액을 선택한 후, 신용카드 사용 금액의 2%를 포인트로 사용하여 갚아나가면 된다고 한다. 참고로 무이자 할부로 결제하면 포인트를 안 준다. 일시불이나 유이자 할부로 구매해야 포인트를 쌓아준다고 깨알 같

은 글씨로 써놓았다. 50만 원의 선할인 혜택을 받는다고 하면 50만 원을 채우기 위해서 얼마를 써야 할까? 일시불의 2%를 역산하면 2,500만 원이 된다.

요약해서 일시불이나 유이자 할부로 2,500만 원을 쓰면 50만 원이라는 아주 커다란(?) 선할인 혜택을 얻을 수 있다.

🐷 포인트 적립 : 자동차 결제 금액 최고 3% M포인트 적립

앞서 2%를 적립하여 선할인 혜택을 받는 것은 뭔가 부담스럽다고 느낄 수 있다. 그럼 3%를 적립해준다는 포인트 적립 혜택을 보자.

복잡한 설명은 생략하기로 하고, 3,000만 원을 현대카드로 사용하면 (무이자 할부 말고) 3%까지 적립해줘서 90만 원 혜택을 받는다고 한다. 90만 원 혜택을 얻자면 대기업 신입사원 1년 연봉에 맞먹는 돈을 사용하면 된다. 혜택을 잘 활용하려면 해야 할 의무가 엄청 무겁다.

이름만 다른 선할인 혜택

삼성카드에서는 50만 원의 선할인 금액을 한도로, 사용 금액의 5%를 적립해주며, 삼성 제휴사에서 이용하는 금액은 최대 10%까지 포인트 적립을 해주고 있다. 이제 계산해보자. 삼성 디지털 플라자에서 100만 원짜리 TV를 50만 원 선할인을 받아 50만 원만 지불하고 구입한다고 가정하자. 일단 50%를 할인받았으니 엄청난 혜택을 받은 셈이다. 행복하게 50

출처 삼성카드 홈페이지 2013년 1월 16일 기준

만 원 할인을 받았다고 하면, 이제 남은 것은 '고객님, 신용카드 사용하셔서 포인트 갚으셔야죠?'다. 기본적으로 5% 적립 혜택이 있으니 50만 원을 포인트로 갚아나가려면 3년 동안 총 1,000만 원만 사용하면 된다. 1년에 300만 원쯤 사용하면 되고, 10% 적립되는 곳이라면 3년간 500만 원 사용하면 된다.

포인트로 갚아나가려면 3년간 다른 카드는 거의 쓸 수 없다. 주유 할인, 놀이공원 할인되는 카드 대신 오로지 포인트 차감을 위해 해당 카드만 사용해야 하고, 3개월 무실적 혹은 연체되면 다음 달에 바로 전액을 청구한다.

만일 결혼한다고 자동차 선할인 받고, TV 선할인 받아서 신혼살림을 마련하면, 이 두 사람은 3년 정도는 열심히 신용카드 사용할 곳을 알아보고 다녀야 하는 상황이 될 것이다. 다른 사람의 축복을 받고, 신혼여행을 다녀와서부터는 즐거운 마음으로 열심히 신용카드 사용하러 다녀야 한다. 선할인은 진정한 의미의 할인이 아니다. "일단 물건 값을 깎아드리도록 하겠습니다. 고객님, 대신 3년간 이만큼 카드를 사용하셔야 합니다."

조삼모사의 고사가 문득 떠오른다.

아래 자료는 금융감독원에서 친절하게 정리해놓은 선지급 서비스의 명칭이다. 선할인 대신 차용한 이름들인데 이름 지어놓은 것을 보면, 신용카드 회사에는 참으로 센스 있는 사람들이 많다고 느껴진다. 서비스의 이름이 너무나도 멋있기 때문이다. 누구를 위해 무엇을 세이브해준다는 것인지 잘 모르겠지만.

회사명	명칭
신한	HI SAVE서비스
국민	포인트리세이브, 금융포인트 선지급 서비스, 이코노서비스
현대	세이브-오토, 세이브-유통/온라인, 세이브-특정가맹점, 세이브-결제변경서비스
삼성	페이백세이브, 전자/쇼핑/여행/보험/온라인/애니/일반세이브
롯데	e/백화점/면세점 슈퍼 세이브, AUTO/OBU/보험/여행/마트/쓰리/Lotte세이브
하나SK	SAVE서비스, 웨딩 SAVE서비스
비씨	BC세이브서비스

출처 금융감독원 공식 Blog / http://fssblog.com

전업 카드사별 포인트 선지급 서비스 명칭

Chapter 03

할부를
우습게 보지 마라

물건을 살 때엔 마지막 순간까지 살까 말까 고민하게 된다. 금액과는 상관없이 '내가 이걸 사는 게 잘하는 일인가?'에 대해 생각하게 되기 때문이다. 그때 우리에게 확신을 심어주는 마법의 단어가 있으니 바로 '3개월 무이자 할부'다. 그 말은 '어머나, 무이자! 별로 부담이 안 되겠네, 안 사면 손해'라는 신호를 보내준다. 마침 해당 카드를 가지고 있다면 온몸에서 아드레날린이 솟구치며 '빨리 안 사고 뭐해?'라고 좌뇌, 우뇌 가릴 것 없이 난리도 아니게 된다.

할부수수료에 대해 점검해보자

신용카드로 물건을 사면 거래내역이 적힌 일명 매출전표를 받는다. 보통은 지갑에 보관되다가 이내 휴지통으로 들어가는데, 꼼꼼한 사람은 실제 자신이 사용한 금액과 일치하는지 숫자를 비교하기도 한다. 그런데 그 뒷면을 자세하게 읽어본 적은 있는가? 이번 기회에 살펴보자.

영수증을 보면 앞면에는 매출전표라 적혀있고, 뒷면엔 할부거래계약서라 적혀있다. 앞면은 공급가액이 얼마이고 그래서 부가세가 얼마라서 총 결제 금액이 얼마다 하는 설명이니 넘어가자. 그런데 뒷면은 일단 글씨가 깨알 같다. 읽기 싫을 정도다. 첫줄을 보면 제1조 할부수수료율이 나오는데, 여기가 예술이다.

회사명	할부수수료율(단위 : %)
KB국민카드	10.00~21.4
롯데카드	9.90~21.90
삼성카드	5.00~21.80
신한카드	10.9~21.8
하나SK카드	9.9~22.7
현대카드	9.80~22.80

출처 여신금융협회

신용카드 할부수수료율(2013년 1월 말 기준)

할부수수료율을 보면 연 5.0%의 가장 착한(?) 숫자에서 연 22.8%의 나쁜(?) 숫자들이 적혀있다. 계산식을 살펴보면 다음과 같다.

(1) 월 납입액=할부신용구매대금/할부 기간(월 단위)

   (단, 이 경우 1원 미만의 금액은 첫회의 월 납입액에 포함된다.)

(2) 총액(월 단위)=월 납입액+할부수수료

(3) 총 할부수수료 산출식=할부 원금×수수료율×(할부 개월 수+1)/2/12

이러한 계산식을 어려워하는 사람들을 위해 각 은행의 홈페이지에는 할부수수료를 계산해주는 페이지가 따로 마련되어 있다. 공인인증서를 요구하지 않으니 번거롭지도 않다.

시뮬레이션을 해본 결과, 큰맘 먹고 100만 원짜리 물건을 구매할 때 3개월, 6개월, 9개월, 12개월로 각각 할부 기간을 달리했을 때 적용되는 수수료율이 각기 달랐다. 3개월 할부 시, 13.5%에서 12개월 할부 시에는 16%까지 할부수수료율이 올라간다.

구구절절한 설명이 필요 없다. 할부수수료는 배보다 배꼽이 더 커지게 하는 효과를 제대로 가져온다. 기간이 늘어날수록 수수료율은 높아지고 할부수수료도 많아진다. 100만 원을 12개월로 나누어 계산하면 나중에는 10만 원을 더 내야 한다. 연 16%에 해당하는 금액이다. 1억 종신보험을 한 달 유지할 수 있는 비용이 할부의 대가로 나가게 된다. 펀드에서 연 16% 이상을 기록할 수 있는 기특한 상품들이 많지 않은 상황에서 이 정도의 할부수수료는 사실 엄청나게 큰 금액이다.

무이자 할부는 대안이 될 수 없다

이렇게 할부수수료가 비싸니 '결론은 무이자 할부!'라고 생각하면 대단히 곤란하다. 필요한 물건을 살 때 돈을 나누어 내는 할부, 여기에 이자를 안 낼 수 있다면 참으로 감사한 일이겠지만 할부는 생각보다 강력하게 우리의 삶을 위협한다.

할부 자체가 나쁘다기보다 할부는 소비에 무감각해지게 만들기 때문에 위험하다. 할부이자에 대한 문제는 어쩌면 소소한 문제일지도 모른다. 가장 큰 문제는 할부를 통해 거금이 몇 개월에 나누어 소비된다는 점이다. 100만 원짜리 물건을 10만 원에 10개월 무이자 할부로 샀다고 했을 때, 이는 한 달에 10만 원으로 산 것이 아니라 총 금액 100만 원을 주고 산 것인데 큰 지출을 했다는 생각이 안 든다. 할부는 이래서 무섭다.

할부는 월급을 관리하는 데 있어서 가장 큰 방해 요소다. 가급적이면 할부는 피해야 한다. 한 번에 사지 못하는 물건은 한 번에 살 수 있도록 돈을 더 모아야 하는 것 아니겠는가. 물건을 사는 방법이 달라져야 한다.

🐷 소비에 긴장감을 더해주는 직불카드, 체크카드

직불카드와 체크카드는 통장에 잔액이 없으면 결제가 안 되기에 매번 결제를 하려 할 때 나름대로 긴장감을 심어준다. 할부로 물건을 사려 하지 말고 가급적이면 긴장감 있는 소비생활을 즐기기 바란다. 특히 직불카드는 가계부 기능도 제공해준다. 매번 사용처가 통장에 찍히기 때문에 언제 어디서 돈을 사용했는지 확인이 가능하다.

물론 신용카드도 사용내역을 확인할 수 있지만 지난달에 사용한 내역에 몇 개월 전에 할부로 구매한 것들이 한꺼번에 찍혀있기 때문에 기억이 잘 안 나기도 하고 번거롭기도 해서 그냥 잊어버리기 쉽다.

신용카드보다 체크카드 사용자가 늘자 금융권은 체크카드에 신용카드 기능을 더해서 새 상품을 내놓고 있다. 일정 금액까지는 신용카드처럼 사용할 수 있게 해주는데, 그 기능은 사용하지 말기 바란다.

🐷 셀프-재정절벽 시스템을 도입하자

2013년 봄, 갑자기 재정절벽(Fiscal Cliff)이니 시퀘스터(Sequester)니 하는 생소한 용어가 들리기 시작했다. 내용은 간단하다. 미국에서 그동안 들어오는 돈보다 나가는 돈이 많았던 관계로 긴축재정을 실시한다는 것. 재정절벽은 미국의 재정지출이 갑자기 중단되면 경기가 절벽에서 떨어질 것이라는 뜻을 가지고 있는 말이고, 시퀘스터는 미국 연방 정부의 예산이 자동으로 '알아서' 삭감되는 것을 가리킨다. 둘 다 예산을 줄이는 것에 관계되어 있다. 강대국인 미국도 이렇게 들어오는 돈, 나가는 돈이 심하게 차이 나면 스스로 지출을 줄인다. 우리도 이러한 시스템을 스스로에게 적용해볼 수 있다.

신용카드와 연결된 예금 통장의 잔액을 일정 한도 이하로만 유지한다든가, 신용카드의 한도액을 스스로 정해놓고 그 이상을 넘지 않도록 자신을 컨트롤하는 방법을 활용할 수 있다.

돈을 스스로 찍어낼 수 있는 미국조차도 재정의 불균형이 심하면 이렇게 지출을 축소한다. 우리도 비슷한 시스템을 스스로에게 적용시켜보자. 체크카드와 연결된 통장에 50만 원만 남겨두면 자연스럽게 한 달 소비 금액이 그에 맞춰진다. 스스로를 절벽에 밀어 넣는 배수진(背水陣)을 쳐보자.

Chapter 04

신용카드로
소득공제 혜택 볼 일은 없다

직장에서 월급 받으면서 생활하는 우리들에게 나라에서 감사하게도 세금을 돌려주는 일이 있으니 바로 13번째 월급이라고 하는 연말정산이다. 이 연말정산의 꽃을 피우기 위해 우리는 봄부터 그렇게도 신용카드를 긁었는지 모른다. 그런데 신용카드를 많이 사용하면 진짜 세금을 많이 돌려받을 수 있을까? 드라마 〈시크릿 가든〉에서 현빈이 한 것처럼 '신용카드, 이게 최선입니까?' 묻고 싶다.

일단 나라에서 정한 신용카드 소득공제의 방정식을 살펴보도록 하자.

신용카드 사용 금액=(연봉×25%)×15%

EX) 연봉 3천만 원. 신용카드 사용 금액 1천만 원
10,000,000−(30,000,000×25%)×15%=375,000원

신용카드 소득공제 계산식

계산식을 보면 사용 금액에 대해 전부 소득공제를 해주는 것이 아니라 신용카드 사용 금액 중에서 연봉의 25%를 넘는 금액의 15% 만큼만 소득공제 혜택이 있음을 알 수 있다. 즉, 신용카드 사용액 전부가 소득공제 되는 것이 아니라, 장기판에서 차 떼고 포 떼듯, 신용카드의 사용 금액에서 이것저것 계산기를 두들겨 해당하는 금액만큼만 혜택을 준다. 게다가 한도는 300만 원이다.(전통시장/대중교통 사용분 100만 원 추가 시 400만 원 한도) 전 재산을 신용카드로 사용해도 한도에 딱 걸리면 더 이상의 혜택은 기대하기 힘들다.

그래도 써야 한다면 체크카드로

일단 신용카드 소득공제로 얻을 수 있는 혜택은 우리가 예상했던 것보다는 확실히 적다. 앞으로도 그리될 것으로 보인다. 정부에서 복지혜택을 위해 세금을 꼼꼼하고 세밀하게 걷을 예정이기 때문에 신용카드 소득공제 혜택은 줄면 줄었지 늘어나기 힘들 것으로 보인다. 그러나 다행히도 하늘이 무너져도 솟아날 구멍이 있다.

신용카드 소득공제 혜택이 줄어든 만큼 체크카드에 대해서는 소득공제 혜택이 늘었기 때문이다. 체크카드의 소득공제 혜택은 다음과 같다.

체크카드 사용 금액=(연봉×25%)×30%
EX) 연봉 3천만 원, 신용카드 사용 금액 1천만 원 10,000,000−(30,000,000×25%)×30%=750,000원

체크카드 소득공제 계산식

같은 연봉에 같은 금액을 소비하는 경우, 신용카드 대비 체크카드의 소득공제 혜택이 딱 2배 된다. 그래서 얻은 1차 결론은 만일 소비를 하고 결제를 해야 한다면 신용카드보다는 체크카드가 낫다는 사실이다.

체크카드는 신용카드 결제처럼 빚을 지는 구조가 아니라 통장에 있는 범위 내에서 금액이 결제되는 구조이므로 능력 밖의 소비를 하게 될 가능성을 차단시킨다. 스스로의 힘으로 소비를 조절하기 힘들다고 고민하는 분들에게 적극 추천할 만한 수단이다.

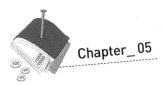

Chapter_ 05

현금서비스는
단기 고금리 대출이다

누군지 몰라도, 현금서비스라는 말을 만들어낸 사람은 대단한 천재임이 분명하다. 신용카드 회사에서 내놓는 '단기 고금리 대출 상품'임에도 불구하고 단어를 세련되게 만들어, 현금서비스를 받는 사람이 '이건 대출이야'라는 생각을 못하도록 했으니 말이다. 만일 현금서비스 대신 단기 고금리 대출이라는 이름이라면 우리가 그리 쉽게 이용할 수 있었을까?

서비스지만 공짜는 절대 아니다

식당 같은 곳에서 '이건 서비스입니다'라고 하면 '공짜입니다'라는 것과 같은 의미다. 웬만한 곳에서는 서비스라는 이름이 붙을 때엔 공짜일 가능성이 매우 높다. 그런데 현금서비스는 공짜가 아니다. 돈을 받았으니 갚는 것은 당연하거니와 서비스 이용료도 좀 높다. 얼마나 높은지 확인해보겠다.

여신금융협회 홈페이지에서 확인한 현금서비스의 수수료는 신용카드 회사마다 다르기는 한데, 최저 이자율이 기업은행의 6.5%부터 최고는 연 28.5%인 삼성카드와 현대카드도 있다. 우리가 은행에서 받는 예금이나 적금의 이자율이 최저 6.5%에서 최고 28.5%라면 더 바랄 것이 없을 텐데 아쉬울 따름이다.

현금서비스에 붙는 이자율은 신용카드 회사의 자체적인 관리 등급에 따라 달라진다. 최저인 기업은행이라도 6.5% 수수료율을 적용받는 사람은 신용등급이 1등급인 경우다. 모든 사람에게 해당되는 것은 아니다. 신용등급이 최저인 사람은 연 24%, 즉 한 달에 2%로서 옛날 어른들이 '2부 이자'라 부르던 고이자율을 적용받는다.

우리 모두가 신용등급이 1등급이라서 10% 미만의 이자율을 적용받으면 좋겠지만 통계를 보면, 신용카드 현금서비스 이용 고객들 가운데 70% 이상이 20% 이상의 고금리를 적용받고 있다. 사실 신용등급이 좋은 1등급 회원의 경우, 굳이 현금서비스를 받지 않아도 되는 사람들이다.

결론적으로 현금서비스는 서비스가 아니다. 고금리 대출 상품이 아주 아름다운 단어로 포장된 것뿐이다.

서비스와 결제일의 마술

신용카드 결제일이 매달 25일인데 1월 30일에 급한 일로 현금서비스를 이용했다고 하면 신용카드 회사에서는 다음 달인 2월 25일에 신용카드 결제를 요청하지 않는다. 2개월이 지난 시점인 3월 25일 청구서에 친절하게도 그동안의 원금과 연 20%의 이자를 붙여서 결제 금액을 청구한다.

왜냐하면 서비스 이용 날짜가 1월 말이므로 2월에 대한 청구분은 이미 계산이 끝났으니 그 다음 달인 3월에 결제를 요청하는 것이다. 신용카드 회사는 2월이 아닌 3월에 결제를 청구할 때 서비스를 받은 사람에게 한 달치의 이자를 추가로 받을 수 있다. 이런 게 바로 꼼수 아닐까. 그리 유쾌하지 않은 상황이지만 각 이용자가 결제일과 현금서비스를 받는 날짜를 꼼꼼하게 비교하지는 않으니까 이런 일이 벌어진다.

이런 상황에 대처방안이 있기는 하다. 현금서비스를 이용하고 나서 신용카드 회사에 전화를 해서 현금서비스에 대해 개별적으로 결제를 신청하는 방안이다. 연 24%의 금리를 적용받는 경우 한 달 이자가 서비스 금액의 2%인데 멍하니 있다가 두 달 지나서 4%까지 치솟은 이자를 감당할 이유는 없지 않는가.

현명한 대처방안은 가급적 서둘러서 현금서비스 이용 금액을 결제하는 것이다. 좀 싱겁기는 하다. 얼른 돈을 갚는 것이 최선의 방안이라니 말이다. 하지만 하늘에서 계시가 내려와서 어떻게 해야 할지를 듣지 않는 이상 대한민국에서는 카드회사의 빚은 제일 먼저 갚는 게 개인과 가정의 경제에 가장 도움이 된다.

재테크에서는 기본이 가장 중요하고 쉽지만 실행하기엔 기본이 가장 어렵다. 서비스와 결제일에 대한 신용카드 회사의 마술이 어둠의 흑마술이라 느낀다면 현명한 대처를 통해 이겨내시기 바란다. 신용카드의 현금 서비스는 이름만 서비스일 뿐, 무료가 아니다. 이자도 높다. 더 말할 필요가 없다.

Chapter 06

신용카드
돌려막기를 멈춰라

신용카드 결제대금을 다시 신용카드로 결제할 수 있다면 얼마나 좋을까? 그런데 그건 안 된다. 그래서 신용카드 결제대금이 부족한 사람들이 사용하는 방법이 바로 신용카드 돌려막기다.

신용카드 돌려막기에 대해서는 이미 하면 안 된다는 것을 잘 알고 계시리라 본다. A카드의 대금을 갚기 위해 B카드에서 현금서비스를 받아 A카드에 넣고, 다시 C카드의 현금서비스로 B카드를 결제하는 동안 빚은 한없이 늘어난다. 중고등학교 국어시간에 배웠던 아랫돌 빼어 윗돌 괴기, 언 발에 오줌 누기와 같은 속담이 떠오른다.

진화한 돌려막기 기술_ 리볼빙

사용한 금액에 대해 다음 달에 결제하는 것은 아주 기본적인 절차인데, 신용카드 회사에서는 놀랍게도 아주 관대한 결제방법을 제시하고 있다. 바로 결제금액의 일부만 결제해도 되는 리볼빙 서비스다. 결제금액의 10% 정도만 결제하면 카드 연체 처리는 안 되는 것으로 하겠다는 감사한 서비스이기도 하다. 이 리볼빙 서비스는 현금서비스를 받은 금액도 일부만 결제해도 되므로 신용카드 돌려막기와 연결된다. 일단 급한 대로 A, B, C카드를 돌려서 현금서비스를 받으면서 급한 순서대로 일부만 결제하는 것이다. 생물만 진화하는 것은 아닌가 보다.

🐷 리볼빙에도 한도가 있다

그러나 신용카드 회사는 우리 머리 위에 있다. 한도를 정해놓았으니 말이다. 리볼빙으로 결제가 미루어진 금액만큼 한도가 줄어든다. 예를 들어 300만 원 한도의 신용카드가 있는데 총 결제액 200만 원에서 리볼빙으로 우선 20만원을 결제했다고 가정해보자. 아직 결제되지 않은 180만 원의 결제 예정 금액은 한도에 포함되어, 해당 신용카드의 결제액은 120만 원으로 제한된다. 만일 300만 원의 한도액까지 꽉 채워 사용한 상태에서 10%인 30만 원만 결제하면 270만 원은 카드 사용 금액, 그리고 결제된 30만 원만 사용 가능 금액이 되는 식이다.

A, B, C카드 3개로 돌려막기를 하는 경우 현금서비스 자체도 높은 이자율이 적용된다. 그래서 돌려막기를 하는 동안 금리는 금리대로 붙고,

돌려막기를 할 수 있는 여력도 점점 줄어든다. 그래서 어느 순간, 현금서비스를 받을 수 없어 A카드가 먼저 연체되고, 연체 정보는 빛의 속도로 다른 카드사에 공유되어 B, C카드도 동시에 사용이 정지된다.

막힌 카드들이 그냥 사용만 안 되는 것이 아니다. 연체된 금액에 대해 본격적으로 현금서비스보다 더 높은 연체 금리가 붙기 시작한다. 현금서비스가 15%의 금리였다면 연체 금리는 25%를 우습게 넘는다. 눈사람 만드는 원리와 비슷하다. 처음에는 작은 덩어리이지만 굴릴수록 눈덩이가 계속 커지는 것과 같이 돌려막기도 처음에는 규모가 작을지라도 계속 신용카드를 돌리면 그 규모가 계속해서 커진다. 계속 굴리다 보면 혼자서는 굴리기 힘들 만큼 커지는 것도 비슷하다.

🐷 리볼빙을 쓰고 있다면?

만일 신용카드 돌려막기를 하고 있는 상황이라면 다른 것은 생각할 것도 없다. 벌어들이는 모든 돈을 신용카드 빚 갚는 데 투입해야 한다. 은행의 예금이나 적금을 들 것도 없다. 무조건 빚부터 갚아야 한다. 왜냐고? 생각해보라. 1년에 25% 이상 수익을 얻을 수 있는 투자 상품을 쉽게 찾을 수 있는가? 있다 해도 수익을 얻을 때까지 기다려야 하는데, 카드빚은 이자율이 확정되어 있다. 불확실하게 뭔가 투자하여 혹시라도 마이너스 수익을 내서 이중고를 겪게 되는 것보다는 확실히 정해져 있는 카드빚의 원금과 이자를 갚아나가는 게 낫다. 좋은 투자처, 안전한 투자처는 일단 카드회사의 빚을 다 갚은 다음에 생각해도 늦지 않다. 일단 발등의 불부터 꺼야 한다. 불을 끌까 말까 생각하면 더 다친다.

아직 나는 그 정도 상황까지는 아니라며 좀 안심하는 독자도 있을 것 같다. 하지만 신용카드 하나를 사용하다가 가끔 '사용한도 초과입니다'라는 메시지를 받는다면, 그러면서 '카드 하나 더 만들어야겠다'는 생각을 한 적이 있다면 잠재적인 신용카드 돌려막기 예정자로 볼 수 있다. 신용카드를 꼭 써야 한다면 하나만 사용하도록 하자. 그러면 특별히 돌려막기 때문에 고통을 당할 일은 없을 것이다.

Chapter_ 07

대출로는
투자할 꿈도 꾸지 마라

뭔가 사두면 대박 날 듯한 주식 종목이 있다. 그런데 현재는 자금이 아주 조금 부족하다. 이때 도움을 받을 수 있는 것이 바로 스탁론(Stock Loan)이라고 하는 주식매입자금 대출이다. 남의 돈을 빌려서 주식을 산 다음 주식 값이 오르면 오른 만큼 이익을 얻는다. 그런데 내 돈은 하나도 안 들어간다. 이 얼마나 아름다운 주식투자 기법인가? 그런데 진짜 이 방법이 아름답다고 생각하는가? 어쩌면 바보 같다고 생각할지도 모르겠다. 문제는 이렇게 바보 같은 방법을 많이들 하고 있다는 점이다. 2012년 8월 기준으로, 이런 스탁론을 통해 1조 2천 4백억 원이상이 대출되었다.

불확실한 투자 수익 vs 확실한 대출 이자

스탁론 관련 사이트를 보니 왜 스탁론이 우리가 돈을 버는데 도움이 되는지 친절하게 설명하고 있다. 일단 많게는 3억 원까지 대출을 받을 수 있다. 그리고 최저 이율 연 4.3%에 사용한 만큼만 이자가 부과된다고 한다. 한 종목 집중 매수, 일명 '몰빵'도 가능하도록 도와준다고 하니 가히 주식시장의 승자들이라면 관심을 가질 만한 상품이다.

간단한 질문부터 하고 시작하자. 돈을 빌려서 주식투자를 해야 하는가? 아니면 말아야 하는가? 답은 간단하다. 사고자 하는 주식의 값이 내일 오른다면 하는 것이 맞고, 오르지 않는다면 안 하는 게 맞다. 문제가 딱 하나 있는데, 주식이 내일 오를지 내릴지는 아무도 알 수가 없다는 것이다. 이자를 내는 것은 확실히 정해져 있고, 주식이 오르든 내리든 상관없이 대출받은 금액에 대해서는 이자를 내야 한다. 그런데 내가 돈을 벌 수 있을지 없을지는 도저히 알 수 없다.

결론을 내자면, 독자들이 처음 생각한 것이 정답이다. 하면 안 된다. 투자는 돈을 버는 영역이니 무조건 해야 하는 것 아니냐 생각할 수도 있다. 하지만 이자는 돈이 나가는 영역이고, 투자의 결과도 확실하지 않다. 간단하게 생각해도 우리가 손해 보는 장사다. 나갈 돈은 확실하고 들어올 돈은 확실하지 않다. 재테크에 있어 절대 하지 말아야 할 목록에 추가시켜야 한다.

주식담보대출과 주택담보대출이 같을까?

주식은 가지고 있는데 현금이 부족한 경우, 주식을 처분해서 현금을 마련하는 것이 맞다. 그런데 보유하고 있는 주식의 가격이 계속 오를 것 같고 팔면 오히려 손해일 것 같아 망설이게 되는 경우가 있을 수 있다. 그런 사람들을 위한 대출상품이 바로 주식담보대출이다.

아파트나 전세자금을 담보로 대출을 받듯, 가지고 있는 주식을 평가하여 대출을 받는 것이다. 이자율은 연 8~10% 내외다. 여기까지만 설명을 읽어보면, 나쁘지 않다는 생각을 하겠지만 우리나라 말은 끝까지 들어야 맛이다.

스탁론에서 한 질문을 자신에게 해보면 답이 나온다. 과연 내일 내가 보유한 주식이 오를 것인가? 보유한 주식이 1년 동안 20% 올라서 담보대출 이자 8%를 다 낸다 해도 12%가 남으면 그것은 확실히 아름다운 투자라 할 수 있다. 그런데 내일 일도 잘 모르는데 1년의 기간은 더욱 모르는 일이다. 주식을 가지고 있는데 현금이 필요하면 주식을 처분하는 게 맞다. 주식담보대출을 받았는데 주식시장이 하락한다면? 이자는 이자대로 내야 하고, 주식값은 내려서 이중고를 겪는다.

우리 주식시장은 우리나라의 경제 기초(Fundamental)보다는 외국인의 움직임에 영향을 많이 받는다. 어느 날 외국인들이 팔자고 나온다면 스탁론이나 주식담보대출을 받은 투자자들은 앉은 자리에서 당할 수밖에 없다.

최악의 경우, 현재 보유하고 있는 A주식이 오를 것 같은데, B주식도 오를 것 같아 현재 보유한 주식으로 주식담보대출을 받고 여기에 스탁론까지 더해서 B주식을 샀는데 한날 한시에 함께 가격이 내려가면 어디 하소연할 곳도 없다. A주식을 담보로 대출받아 A주식을 추가 매입했는데 가격이 내려가는 경우도 마찬가지다.

주식 좋아하시는 분들이 강조하는 것이 있는데, 부동산 담보대출 받는 것은 아무 말 안 하면서 왜 주식담보대출 받는 것은 뭐라고 하느냐는 항변이다. 원리는 같은데 이상하게 주식을 담보로 대출받으면 투기하는 사람으로 본다는 억울함이리라. 충분히 이해할 수 있고 마구 힐링을 해드리고 싶기도 하다. 그런데 부동산 가격이 떨어지니 하우스푸어가 속출하고 있지 않은가. 주식도 '주식푸어'라는 말이 나올 법하다. 그러나 집과 주식은 큰 차이가 있다. 집은 손으로 만질 수 있고, 투자용이라 해도 내가 거주할 수 있는 소비로서의 기능을 하는 것에 비해 주식의 경우엔 만질 수도 없고 소비할 수도 없기 때문이다. 삼성전자 주식 10주를 가지고 있다 해도 실물로는 만질 수 없지 않은가. 스탁론이나 주식담보대출을 받아 주식투자할 생각은 꿈도 꾸지 말아야 한다.

Chapter_08

마이너스 통장은
가장 무서운 대출이다

통 장 중에서 가장 무서운 통장이 바로 마이너스 통장이다. 장점을 잘 살리면 도움이 많이 되는 상품이지만, 사실 인간이기에 장점을 살리기는 힘들고 오히려 단점으로 어려움을 겪게 될 확률이 높다. 마이너스 통장은 은행만 돈 버는 상품이다. 대출업계의 갑이라 할 수 있는 마이너스 통장. 과연 제대로 알고 개설한 것인가? 왜 무서운 상품이라고 하는지 살펴보자.

마이너스 통장, 그 편리함의 유혹

일단 마이너스 통장은 만들기 쉽다. 은행에서 돈을 빌리려면 대출 창구에 가서 죄인처럼 상담 받다가 담보가 있으면 담보대출을, 담보가 없으면 신용대출을 권유 받는다. 그런데 마이너스 통장은 신분증과 재직증명서만으로 만들 수 있다. 심지어는 인터넷뱅킹으로도 만들 수 있으니 얼마나 편리한 세상인가.

🐷 이자율

시중은행의 마이너스 통장 이자율은 연 5~7% 사이고, 저축은행에서는 연 13~15% 정도다. 어떻게 보면 조건이 나쁜 담보대출이나 신용카드 현금서비스에 적용되는 이율보다는 조금 낮다고 할 수 있다. 여기에 더해 은행에서 받은 대출금은 상환할 때 보통 중도상환 수수료라는 벌금 성격의 수수료를 부과하는데 마이너스 통장은 그러한 중도상환 수수료도 없다. 이자율 측면에서 시중은행의 마이너스 통장은 웬만한 대출상품보다 숫자상으로는 확실히 유리하다.

🐷 한도

한도는 본인의 연봉 내에서 정해지고, 이때 대출금이 있다면 한도는 더욱 낮아진다. 예를 들어 연봉이 3,000만 원이고 다른 대출이 1,000만 원 있다면 마이너스 통장의 한도는 2,000만 원까지로 정해진다. 어떻게 보면 마이너스 통장의 한도액이 나의 몸값과 연결되는 것 같아 씁쓸하기도 하다.

마이너스 통장 자체는 죄가 없다

마이너스 통장은 이자율 측면에서도 그렇고 중도상환 수수료도 없어 나름대로 경쟁력 있는 상품이다. 직장인들이 현금서비스 받는 것보다 훨씬 좋은 조건으로 대출해주는 상품이다. 항상 그러하듯 시스템은 완벽하지만 인간의 불완전성이 문제다. 왜 문제인지 살펴보자.

🐷 원금 혼동

예를 들어 1,000만 원 한도로 마이너스 통장을 개설하고 500만 원을 인출했다고 해보자. 나중에 누군가 '마이너스 통장에서 얼마 썼습니까?'라고 물어온다면 그는 '500만 원'이라고 대답할 것이다. 그런데 과연 500만 원만 빌린 것일까? 그는 500만 원과 함께 500만 원에 대한 이자까지 갚아야 한다. 한두 달의 기간은 크게 숫자가 달라지지는 않지만 직장생활을 하는 내내 마이너스 통장을 쓰는 경우, 마이너스 통장을 내 돈이 들어가 있는 통장처럼 사용하기 때문에 잘 안 갚게 된다. 사실 갚아야 할 필요를 잘 느끼지 못한다. 그 사이 우리의 마이너스 통장은 원금에 이자가 붙은 금액을 원금으로 계산하고 다시 이자가 붙는 일명 역복리 계산법이 적용된다. 30대에 마이너스 통장을 만들고 50대까지 사용한다고 하면, 그간 지불하는 이자만 해도 결코 적지 않은 금액이 된다.

복리를 통한 수익률의 상승에 대해 알고 있으리라 본다. 처음에는 단리와 복리의 차이가 크지 않지만 10~15년 정도의 시간을 기점으로 해서 복리의 수익률 그래프가 위로 급격하게 상승한다.

기간	원금	단리	복리
1년	1,000	1,100	1,100
2년	1,000	1,200	1,210
3년	1,000	1,300	1,331
4년	1,000	1,400	1,454,
5년	1,000	1,500	1,610
6년	1,000	1,600	1,771
7년	1,000	1,700	1,948
8년	1,000	1,800	2,143
9년	1,000	1,900	2,357
10년	1,000	2,000	2,593
11년	1,000	2,100	2,853
12년	1,000	2,200	3,138
13년	1,000	2,300	3,452
14년	1,000	2,400	3,787
15년	1,000	2,500	4,177
16년	1,000	2,600	4,594
17년	1,000	2,700	5,054
18년	1,000	2,800	5,559
19년	1,000	2,900	6,115
20년	1,000	3,000	6,724

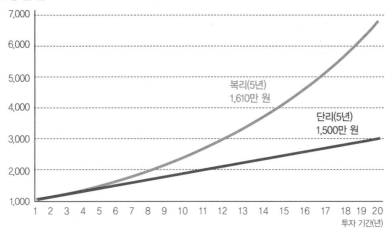

1000만 원(연 10%) 투자 시 단리와 복리 수익률 비교

복리의 효과는 돈이 불어나는 것에나 마이너스 통장의 돈을 갚아야 하는 상황, 모두에 큰 영향을 미친다. 복리로 투자를 못하는 상황이라면 적어도 역복리로 내 돈이 나가지 않도록 해야 하지 않겠는가. 마이너스 통장은 원금에 대해서만 내가 빚진 돈이라는 생각을 하게 만든다. 심하게는 빚진 돈에 대해서도 친한 친구에게서 빌린 것처럼 갚긴 갚아야 하는데, 지금 당장은 갚지 않아도 되는 돈으로 생각하게 만든다.

은행은 잘못이 없다. 우리가 마이너스 통장을 만들어 빌린 다음 원금과 이자를 제대로 계산하지 못하고, 이번 달에 해당되는 원금과 이자에 대해 다음 달엔 복리로 이자가 붙을 거라는 생각을 하지 못하는 것뿐이니까.

🐷 심리적인 부담이 없다

마이너스 통장이 아닌 신용대출이나 담보대출을 받게 된다면 심리적으로 대출에 대한 부담감을 계속 가지고 원금과 이자를 갚아나가게 된다. 옛 어른들 말씀에도 있지 않은가. 빚을 안 져야 두 다리 쭉 뻗고 잘 수 있다고. 그런데 마이너스 통장은 이런 심리적인 부담감을 전혀 주지 않는다. 마치 도박판에서 돈을 다 잃어도 옆에서 누가 빌려주면 계속 도박을 하는 것처럼 마이너스 통장은 계속해서 '돈은 형편 될 때 천천히 갚으시고요, 대신 이자는 계속 기록하고 있을게요'라고 한다. 단지 통장에 찍히는 숫자만 늘어나는 것이고, 한도가 차기 전까지는 이상하게 빚을 져도 빚을 진 것 같지 않게 한다.

그러다 어느 날 마이너스 통장의 한도가 채워지면 그때서야 정신이 번쩍 든다. 마이너스 통장은 그래서 무섭다. 마치 자각증세가 없기에 말기가 되어서야 알아차리게 되는 암처럼 빚에 대한 자각이 없도록 만든다. 부담이 없기에 오히려 위험한 상품이다.

🐷 대출한도에 미치는 영향

마이너스 통장이 있는 상태에서는 마이너스 통장의 한도만큼은 이미 대출받은 것으로 계산되어 주택담보대출이나 신용대출이 줄어든다. 예를 들어 대출을 5,000만 원 받아야 하는 상황인데, 현재 주택담보나 전세금 담보대출로 5,000만 원을 받을 수 있게 계산되었다고 하자. 그런데 실제로 대출 가능한 금액은 2,000만 원뿐이다.

이유는 마이너스 통장의 한도가 3,000만 원으로 이미 대출로 잡혀있기 때문이다. 마이너스 통장에서 얼마를 사용했는가의 문제가 아니다. 마이너스 통장이 개설되어 있기 때문이다. 주거래 은행도 마찬가지다. 따라서 '혹시 필요할 때가 있을지 모르니 미리 만들어놓자'라고 생각하면 안 된다. 언제 당신의 발목을 잡을지 모르는 게 바로 마이너스 통장이다.

마이너스 통장은 투자와 상관없다. 좋은 투자처가 있어서 마이너스 통장을 사용해야 한다거나 펀드에 가입하기 위해 마이너스 통장을 만드는 사람은 거의 없다. 그렇게 사용해서도 안 되겠지만 말이다. 대부분은 신용카드를 많이 사용해 통장 잔액이 부족하다거나 음주가무로 낭비가 심해 보너스 타기 전까지 급하게 몇 달간만 돈이 필요해서 만드는 경우가 많다. 마이너스 통장 역시 돈을 쓰는 영역에 속한 상품이다. 마이너스 통장으로 돈이 불어날 일은 절대 없다. 가까이 하지도 호기심을 갖지도 말아야 한다.

어느 날 갑자기 상사가 조용히 불러서 미안한 얼굴로
회사를 그만 떠나달라고 할 때, 과연 나는 이 스트레스에 대해
경제적으로 얼마나 준비되어 있을까?

지금부터 다시 시작하는
착한 돈의 습관

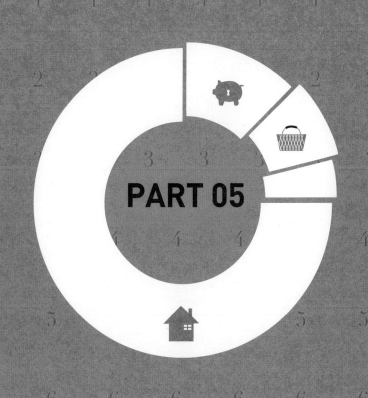

PART 05

Chapter_ 01

금융시스템
스트레스 테스트를 해보자

외부의 충격적인 사건이 발생했을 때 금융회사의 위기관리 능력을 평가하는 것을 '금융시스템 스트레스 테스트'라 한다. 은행 같은 금융회사들을 대상으로 하는 테스트지만 우리의 통장에도 적용해볼 수 있다. '나'라는 사람의 재무 상태를 점검하려면 내가 가진 통장부터 들춰봐야 한다.

최악의 경우에 대비되어 있는가?

직장생활을 하면서 가장 듣고 싶은 말 중 하나가 바로 '자네, 수고했네'일 것이다. 표현은 조금씩 다를 수 있지만 상사로부터 그동안의 노력을 인정받는 순간은 정말 짜릿하다. 동시에 가장 듣고 싶지 않은 말도 있다. 바로 '그동안 자네, 수고 많았네'다. 이제 집에 가라는 말이니까. 최악의 경우, 어느 날 갑자기 상사가 조용히 불러서 미안한 얼굴로 회사를 그만 떠나달라고 할 때, 과연 나는 이 스트레스에 대해 경제적으로 얼마나 준비되어 있을까?

🐷 퇴사부터 재입사까지의 기간

원하지 않게 퇴사해서 다음 직장에 입사할 때까지의 기간 동안 어떻게 생활할 것인가? 다행히 나라에서는 실업급여 제도가 있기에 어느 정도는 버틸 수 있다. 아래를 보라.

최대 1개월 120만 원의 금액으로 8개월까지 실업급여를 받을 수 있다. 단, 50세 이상으로서 전 직장에서 10년 이상 일했어야 한다는 조건이

연령 및 가입 기간	1년 미만	1년 이상 3년 미만	3년 이상 5년 미만	5년 이상 10년 미만	10년 이상
30세 미만	90일	90일	120일	150일	180일
30세 이상~ 50세 미만	90일	120일	150일	180일	210일
50세 이상 및 장애인	90일	150일	180일	210일	240일

실업급여 지급기간

구직 급여 지급액=퇴직 전 평균 임금의 50%×소정 급여 일수

최고액 1일 4만 원
최저액 최저임금법 상 시간급 최저 금액의 90%×1일 소정 근로 시간(8시간)

실업급여 금액

붙는다. 1년 미만 근무했을 때, 실업급여를 받는 기간은 3개월이다. 다시 말하면 3개월 안에 새롭게 직장을 얻어야 한다는 의미다.

자신의 재정적 위기관리 능력이 얼마나 되는지 테스트해보는 방법은 간단하다. 오늘 당장 팀장님이 불러서 회사를 그만두라고 한다면, 그리고 계속해서 직장을 얻지 못한다면 나는 가진 돈으로 몇 개월이나 생활할 수 있는가? 그게 당신의 재무 건전성에 대한 정확한 진단표일 것이다. 물론 버틸 수 있는 개월 수가 많으면 많을수록 좋다. 일반적인 재무 설계에서는 비상자금의 개념으로 3개월간의 생활비는 항상 준비하라고 조언한다. 최소 3개월분의 전투식량(?)은 준비되어 있어야 한다.

주식시장 폭락에 대비되어 있는가?

어느 날 갑자기 주식시장이 반 토막 나는 것. 상상하기도 싫다. 주식시장이 흔들리면 거기에 투자한 펀드도 무너지고 ETF, ELS 등과 같은 투자상품에서도 곡소리가 나게 되어 있다. 가깝게는 2007년에 그러한 일이 전 세계적으로 있었다. 이러한 일이 다시 발생했을 때, 우리의 자산은 어느 정도까지 버틸 수 있을까 생각해봐야 한다.

다음 달에 올려줄 전세금을 펀드에 잠시 넣어뒀다가 봉변을 당할 수도 있다. 그러니 단기간에 써야 할 돈이라면 안전한 투자처를 찾아야 한다. 언제, 어디에 쓰일 돈인가에 따라 은행의 예금 통장이나 증권사의 CMA 통장이 안전한 금고 역할을 해줄 최선의 방법일 수 있다.

투자를 할 때에는 그 결과가 원하는 것과 정반대로 상황이 흘러갈 경우 어느 정도까지 버틸 수 있을까도 함께 고민해봐야 한다. 충분한 여유자금이 준비되어 있다면 느긋한 마음으로 주식시장이 다시 오르기를 기다릴 수 있겠지만, 그게 아니면 당장 급한 돈을 막느라고 투자한 아이템들을 손해 보면서 급히 처분해야 할지 모른다.

절약의 최대치는 어느 정도인가?

말 그대로 한 달에서 두 달 정도 옷도 사지 말고, 웬만하면 걸어 다니고, 택시 타는 일 절대 없게 하고, 친구들과 영화 관람이나 주말의 브런치도 모두 자제해보라. 평소 '이 정도 쯤이야' 하면서 습관적으로 해온 일상적인 소비를 끊어보면 스스로에게 꼭 필요한 최소한의 비용을 확인할 수 있다. 인간관계 다 끊기는 건 어떻게 하냐고? 두 달 동안 연락 없고 브런치 같이 안 한다고 우정이 끊기는 친구라면 그냥 엄마가 친하게 지내지 말라고 하는 친구에 불과하다.

극도의 절제 기간을 가져보자. 극강의 절약을 통해 자신에게 진짜 필요한 소비와 불필요한 소비, 포기할 수 없는 즐거움을 파악할 수 있다. 그렇게 해서 사라지는 지출만큼이 바로 투자 여력이 된다. 이 추가적인 투자 여력을 확인하고 나면 소비를 바라보는 눈이 180도 달라진다. 투자할 수 있는데 소비하는 금액으로 인식된다.

사람은 신기하게도 극한 상황을 한번 경험하고 극복하면 이상하게 어려운 상황을 다시 맞이하더라도 그때보다는 좀 나은 상황이라고 받아들이는 습성이 있다. 필자 역시 회사생활을 처음 시작할 때 적응도 안 되고 힘들었는데, '그래도 여기는 때리지는 않잖아'라는 이상한 위로를 받고 버틸 힘을 얻었다.

다시는 겪고 싶지 않을 만큼 스스로를 강하게 밀어붙여서 자신에게 꼭 필요한 '인간의 조건'을 다시 세워보자. 친구 좋아하고, 술 좋아하는 남자라면 집에만 있는 은둔형 외톨이(히키코모리)처럼도 한번 살아보라. 이것도 좋은 경험이 된다.

Chapter_ 02

1년, 5년, 10년
계획부터 세워라

자동차를 운전하다 보면 가끔 그런 상황이 있다. 주유등에 불은 들어왔는데, 가까운 주유소는 안 보이는 상황. 필자는 종종 겪는다. 그런 상황이 생기면 필자는 에어컨과 라디오를 끄고, 최고 속도 110km구간에서 80km로 최대한 살살 운전한다. 기름을 아껴야 하니까.

재테크 상담을 받으러 온 사람들에게도 이와 비슷한 상황을 엿볼 수 있다. 남아있는 근무 연수는 뻔한데 돈을 써야 할 곳은 아직 많다. 그래서 필자가 자동차 에어컨을 끄듯 보험을 해약하거나 적금을 깨는 모습을 많이 본다. 그들의 공통적인 한마디가 있다.

"어떻게든 될 줄 알았죠."

본질은 간단하다. 모아둔 자금이 없으면 불안하다. 그런데 돈 모으기는 쉽지 않다. 닥친 문제를 회피한다고 해서 해결되는 것은 더더욱 없다. 주유등에 불이 들어오기 전까지 눈금이 계속 내려가도 '아직 주유등 안 들어왔으니까' 하는 마음으로는 아무것도 나아지지 않는다. 문제가 눈앞에 닥쳐 허둥지둥하지 않으려면 지금부터라도 시작해야 한다.

월급으로 해야 하는 것

월급으로 해야 하는 것은 비교적 간단하다. 생활비와 주택자금을 마련하고, 자녀 양육비와 교육비를 준비해야 한다. 본인의 노후생활비도 마련해야 하는데, 추가적으로 자녀 결혼자금도 준비할 수 있으면 좋다. 월급으로 할 수 있는 소비는 수백만 가지인 데 비해 월급으로 해야 하는 것은 몇 가지가 안 된다. 그런데 각 항목이 너무나도 중요하고 서로 연결되어 있다.

작물의 성장에서 성장을 좌우하는 것은 가장 부족한 영양소라는 '최소량의 법칙'을 들어본 적 있는가? 농사를 지을 때 질소, 인산, 칼륨 등의 필요 영양소 중 하나라도 부족한 것이 있다면 다른 영양분이 아무리 많아도 수확량은 가장 부족한 영양소에 의해 결정된다는 의미다.

재테크도 마찬가지다. 준비해야 할 자금 중에서 어느 것 하나라도 부족하면 통에 물 고일 틈이 없이 줄줄 새듯 월급이 빠져나가게 된다.

월급으로 해야 하는 것들은 (1)생활비 (2)주택 마련 (3)자녀 양육비 (4)본인 노후자금으로 크게 나눠볼 수 있다.(자녀 결혼자금은 미안하지만 일단 제외하자.) 1번부터 4번까지의 항목에서 어느 한 곳이 부족하게 되면 다른 자금은 쌓이지 못하고 부족한 항목에 지출이 집중될 수밖에 없다. 농사를 짓는 것과 마찬가지로 모든 요소가 골고루 준비되어야 한다. 그런데 여기서 문제가 발생한다. 월급은 한정되어 있고, 돈이 들어가야 할 곳은 4군데 또는 그 이상이다.

수도관 하나에 수도꼭지가 4개 이상 연결된 모양새다. 그래서 월급에 대해 효율적인 소비를 고민해야 한다. 그런데 불행 중 다행으로 월급으로 해야 하는 것들은 동시다발적인 것이 아니라 시간의 순서에 따라 나뉜다. 생활비는 매월 해결, 주택 마련은 5년 이내, 자녀 양육비는 10년 이내, 본인 노후자금은 20~30년 이내에 준비를 하면 된다.

우리는 월급으로 우리가 하고 싶은 대로 살아갈 수 있다. 특히 감성적인 우뇌가 시키는 모든 것을 하면서 살아갈 수도 있고, 이성적인 좌뇌가 계산하는 결과에 따라 소비를 하면서 살아갈 수도 있다. 하지만 그 선택에 따른 차이는 기간마다 서서히 크게 벌어질 것이다.

월급으로 해야 하는 것들이 어떻게 준비되는가에 따라 인생의 성적표가 나온다. 그 성적표의 결과는 지난달, 이번 달 월급들이 만들어가고 있다. 학교 다닐 때엔 학점이 마음에 안 들면 원망할 교수님이라도 계셨지만, 내 월급의 성적표는 누구를 원망할 수도 없다. 월급으로 해야 할 1년, 5년, 10년의 목표부터 적어보자.

Chapter 03

돈을 꽁꽁 묶어두는
강제저축

어릴 적 우연히 봤던 만화책이 있다. 호머의 『일리아드』 서사시를 다룬 『율리시즈 신화』라는 제목의 만화였는데, 『탈무드』와 함께 초등학생 시절, 참으로 많이 반복 학습했던 책이다. 그 만화책에 있던 아주 재미있는 이야기 한 토막을 전해드리고자 한다.

주인공 율리시즈는 선원들의 공포의 대상인 사이렌이라는 요정이 있는 바다를 지나게 된다. 사이렌이 무서운 이유는 부르는 노래가 너무나 아름다워 넋을 잃고 노래를 듣다보면 무엇에 홀린 듯 바다로 뛰어들게 되기 때문이다. 바다에서 살아남으려면 취할 수 있는 방법은 단 하나, 귀를 막아서 아예 노래를 못 들으면 된다. 그런데 율리시즈는 그 유명한 사이렌의 노래가 너무나도 듣고 싶었다. 그래서 선원들에게 자신의 몸을 밧줄로 꽁꽁 묶어달라는 요청을 한다.

더불어 자신이 몸부림치며 바다로 가고자 한다면 밧줄을 더욱 세게 묶어 달라고 부탁한다. 드디어 사이렌이 출몰하는 바다를 지날 때 율리시즈역시 사이렌의 아름다운 노래를 듣게 되었고 바다에 뛰어들고 싶어 미칠 지경이 되었다. 그때 그를 지켜준 것은 단단히 묶인 밧줄이었다. 아무리 소리쳐도 귀를 막은 선원들이 밧줄을 더욱 단단히 묶어준 덕분에 목숨을 건질 수 있었다.

의지력보다 강제저축의 힘을 믿어라

주인공을 살려낸 것은 그가 가졌던 강한 의지력이 아니었다. 밧줄이었다. 바다로 뛰어들고 싶어도 그렇게 못하게 한 생명의 은인이다. 강제저축은 그러한 역할을 해준다. 월급에서 무조건 빠져나가는 구조로 만들게 되면 아무리 더 소비를 하고 싶어도 못하게 된다. 예를 들어 월급이 300만 원인 직장인이 강제로 200만 원어치 저축/투자/보험을 하게 되면 그가 소비할 수 있는 여력은 100만 원이 된다. 그는 100만 원 한도 내에서 생활비를 해결하고 유흥비를 해결해야 한다. 사계절 옷도 사야 한다.

물론 분명히 불편한 생활이다. 받는 돈이 있는데, 본인이 자유롭게 사용할 수 있는 금액이 알아서 부족해진다면 말이다. 그런데 그게 우리를 살릴 것이다.

강제저축을 하는 방법은 간단하다. 어떤 아이템에 얼마만큼의 월급을 투입하겠다고 결심하면 해당 상품의 이체일을 1~5일 사이로 정한다. 그런 다음 신용카드의 결제일은 20~30일 사이로 정하면 된다. 생각보다 간단하지 않은가? 싱거울 정도다. 그런데 강력한 힘을 가진다. 월급이 25일 정도에 들어오면 일단 강제저축이 월급을 가져가 버린다. 그리고 남는 돈으로 신용카드 금액이 결제 된다. 어떤 때엔 신용카드 결제액이 부족해진다. 그럼 더 좋다. 다음 달까지 신용카드를 안 쓰게 되니까. 나는 월급날이 10일인데 어떻게 하냐고? 강제저축을 10~15일, 신용카드 결제일을 다음 달 5일로 정하시라. 너무 쉬운 거 물어봤다고 머쓱해 하실 필요 없다.

해지할 때 손해 봐야 좋은 상품이다

어떤 상품들은 중도에 포기하면 손해를 보게 설계되어 있다. 은행의 적금 상품은 손해까지는 아니지만 중도에 '그만 할래요' 하면 은행에서는 약속한 이자보다 적은 이자를 계산해준다. 특히 2013년에 부활한 재형저축이 그러하다. 그래서 적금을 중간에 깨면 손해 본다는 생각이 든다. 이것이 바로 적금을 유지시켜 주는 힘이다. 우리 뇌는 무의식적으로 손해 보는 결정은 피하고자 한다. 누가 손해 보는 것을 좋아하겠는가? 그래서 이율이 낮거나 높거나 적금은 좋은 상품이다. 만기까지 유지시켜주는 힘이 있는 것만으로도.

🐷 사람은 손실을 더 고통스러워한다

행동경제학에서는 이를 전망이론(Prospect Theory)이라 한다. 사람은 같은 금액의 수익과 손실에 대해 다른 강도로 반응한다는 설명이다. 수익에 대해서는 적게, 손실에 대해서는 크게 반응하게 된다. 다음 그래프를 보자.

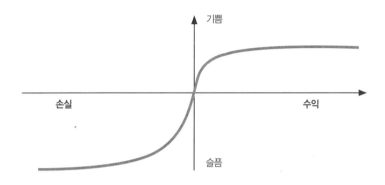

수익을 얻는 쪽의 기쁨의 크기보다는 손실을 보는 쪽에서의 슬픔의 크기가 더 크다. 100만 원의 수익이 생길 때의 기쁨을 100이라 했을 때, 100만 원을 잃을 때의 슬픔은 200 정도가 된다. 그렇기에 사람은 손실을 피하는 행동을 하게 되어 있다고 전망이론은 설명한다.

강제저축은 지금 당장의 소비를 통한 즐거움은 주지 못한다. 게다가 해약하면 약속한 이자도 잃게 되니 손해 보는 느낌까지 준다. 바로 그 '손해 보는 느낌'이 들기 때문에 약 올라서 계속해야겠다는 생각을 하게 만든다.

🐷 망각효과를 역이용하자

학교 다닐 때 웬만한 천재가 아니면 수업이 끝나고 나서 1주일이 지나면 학습한 내용의 90%는 연기처럼 공중에 사라진다. 그래서 복습이 중요하다. 재테크도 마찬가지다. 강제저축 상품은 매월 일정한 금액이 지속적으로 지출되기 때문에 완벽한 복습을 제공한다. 1년 전에도, 저번 달에도, 이번 달에도 같은 상품에 같은 금액이 꾸준히 지출되면 '아, 이 돈은 어디에 들어가야 하는 돈'이라고 완벽하게 학습이 된다.

새해마다 굳게 결심하고 실행하는 계획들이 3일 또는 3개월이 지나 돌아보면 다 지켜지지 않는 것도 망각효과 때문이다. 매일매일 새로운 일이 우리의 뇌에 입력되기에 아무리 굳은 결심을 하더라도 3일이 지나면 그 굳은 결심이 희미해지고 만다. 이렇게 굳은 결심이 희미해져가는 것을 막는 가장 좋은 방법은 반복학습이다. 강제저축 상품들은 매월 반복학습을 시켜주기 때문에 월급 관리에 있어 가장 강력한 수단이다. 약하디 약한 우리의 결심을 매월 단련시킨다.

피해야 할 상품, 재형저축

재형저축 통장은 2013년 3월부터 판매되기 시작한 신상품이다. 이자율 측면에서 은행권 상품 중 4%대로 그나마 괜찮아 보인다. 그런데 정말 괜찮은 상품일까? 재형저축은 7년 동안 유지해야 한다. 많은 변수가 생길 수 있는 긴 기간이다. 그리고 이자율도 처음 3년간은 일반 상품보다 높은 금리를 확정해주지만 그 이후에는 은행이 알아서 결정하는 상품이기도 하다. 비과세 혜택이 있기는 하지만 소득공제 혜택이 없기 때문에 그다지 매력 없다. 강제저축 상품으로서의 특징을 가지고는 있지만, 독자분들에게 자신 있게 추천드릴 수 없는 상품이다. 너무 길다. 그리고 금리도 낮다. 선택해야 할 이유가 별로 보이지 않는다. 안 하셨으면 좋겠다. 그리고 재형저축펀드도 마찬가지다. 그냥 펀드로 하는 것이 더 나을 수도 있다. 재형저축으로 이름 붙은 상품은 웬만하면 피하는 게 좋다.

Chapter 04

상과 벌로
스스로를 길들여라

사람의 뇌는 이성적인 뇌와 감성적인 뇌가 끊임없이 교차하면서 의사결정을 내린다. 이 과정에서 미래를 위한 굳은 결심이 한 순간 허공으로 사라져버리기도 하고, 마음을 다잡고 전에 없던 새로운 계획을 세우기도 한다.

뇌가 아무리 강력한 결심을 하더라도 실천으로 옮기기가 쉽지는 않다. 새해마다 매달 초마다 작심삼일로 끝나고 마는 결심을 우리 모두 경험하고 있지 않은가. 피트니스 클럽에 등록해서 처음 며칠 동안 열심히 운동하다가 점차 뜸해지고 그러다 다시 등록하는 악순환 말이다. 이제 무작정 의지에 기댈 것이 아니라 스스로의 결심을 실천할 수 있도록 나름의 장치를 만들어볼 차례다.

S(Stimulation, 자극)-R(Response, 반응) 모형은 심리학에서 사용되는 모

델로서 어떤 자극에 따른 반응을 관찰하는 것이다. 유명한 '파블로프의 개' 실험이 대표적이다. 항상 먹이를 가져다줄 때 종소리를 들려주었더니 나중에는 종소리만 듣고도 강아지가 침을 흘렸다는 실험이다.

소비생활을 이렇게 설계해보자. 만족할 만한 소비생활을 할 때마다 스스로에게 상을 주자. 계획한 대로 소비가 이루어지고, 투자가 집행되면 상을 준다. 필자의 경우는 책의 원고가 마무리되고 최종 검토를 위한 교정용 원고를 볼 때엔 와인을 마시면서 한다. 그게 뭐 대수냐고? 술을 입에 대지 않고 몇 년째 살아오는 필자에겐 그렇게 와인을 마시는 것이 스스로에 대한 과분한 보상이다. 그래서 필자는 원고를 쓰다가 막히거나 힘들 때엔 와인을 마시는 상상을 하기도 하고, 책이 출간되어 강의하는 모습을 상상하기도 한다.

이제 해야 할 목록에 추가하라. 계획을 달성했을 때 하고 싶은 것 12가지. 월별로 달성 시 하고 싶은 것들을 하나씩 해나가는 것도 분명 즐거운 작업이 될 것이다.

체계적 둔감화로 소비를 조절하라

물을 무서워하는 사람에게 수영을 가르치려면 우선 얕은 물부터 시작하여 공포를 극복하게 하는데, 이를 '체계적 둔감화'라 한다. 심리학에서 행동 수정을 위해 사용하는 방법 중 하나다. 이를 자신에게 적용시켜 보면 어떨까?

지금까지의 소비 규모를 한꺼번에 줄일 수 없다면 체계적으로 하나씩 아이템을 줄여 나가거나, 인터넷 쇼핑사이트의 즐겨찾기를 삭제한다거나 하는 식으로 점차 소비를 줄여 나갈 수 있도록 장치를 만드는 것이다. '단 하나의 물건도 사지 않는 하루'를 정하거나 하는 식으로 무의식적인 소비를 끊어야 한다.

소비를 조절하기로 결심했을 때 한꺼번에 아무것도 사지 않는다면 분명 나름대로의 금단현상이 있을 것이다. 금연을 시도할 때도 한 번에 끊으면 금단현상으로 상당히 괴롭다. 하지만 소비는 이렇게까지 심하게 금단현상이 생기지 않는다. 처음엔 좀 어색하고 불편할 뿐이다. 가장 좋은 경우는 담배를 끊듯 한꺼번에 끊어버리는 것이지만 그게 현실적으로 어렵다면 앞서 설명한 S-R 기법에 더해 체계적 둔감화를 실천하기 바란다. 이것도 해야 할 목록에 추가한다.

강제저축은 내 돈이 아니다

강제로 투입하는 피 같은 내 월급은 일단 내 돈이 아니라 생각해야 한다. 지금의 나에게는 미안하지만 미래의 내가 고마워할 돈이라 생각하자. 영화 〈백투더 퓨처〉처럼 타임머신이 있다면 미래의 당신이 지금의 당신에게 다가와서 분명히 말할 것이다. '덕분에 내가 편하다'라고 말이다.

일단 강제저축은 지금의 나를 위한 것이 아니라고 과감하게 잊어버리자. 펀드는 1년 후의 나, 적금은 3년 후의 나, 보험은 10년 후의 나를 위한 것이다. 10년 이내에 사망할 계획이 없는 이상, 밥 먹고 회사생활하면서 이런저런 걱정과 고민의 시간을 보내다 보면 시간은 금방 지난다. 그리고 이상하게도 나이가 들수록 시간이 더 빨리 지나가게 될 것이다. 쉽게 보면 20대 때엔 시간의 속도가 시속 20km 정도인데, 40대엔 40km, 60대엔 60km로 시간이 흘러간다.

고등학교 때는 50분 수업시간이 참 길게도 느껴졌다. 그런데 어른이 되어 보니 하루는 물론이고 일주일도 금방 지나간다. 생각보다 미래의 나를 금방 만나게 될 것이다. 그 혹은 그녀에게 미안해지지 않기 위해 강제 저축을 하도록 하자. 중간에 끊으면 손해 보는 상품들 위주로 말이다.

Chapter 05

통장을 3단계
시스템으로 구분하자

투자할 때 항상 듣는 말 중의 하나가 바로 계란을 한 바구니에 담지 말라는 것이다. 어느 종목이 잘 될지 모르고 안될지 모르니 여러 곳에 나누라는 말이다. 옳으신 말씀이다. 이제 그 연장선에서 통장도 분산시켜보도록 하자. 들어오는 돈은 정해져 있는데 뭐하러 통장을 나누냐고? 이제부터 통장을 나누면 얻을 수 있는 이득 몇 가지를 알려주겠다.

통장을 용도별로 나누어보자

용도별로 생활비용 통장, 주택자금용 통장, 데이트 비용 또는 자녀 교육비 통장으로 나누어 이름을 붙인다. 앞서 설명한 최소량의 법칙을 기억해보면 이해가 빨라진다. 통장을 목적별로 나누어서 관리하게 되면 어느 부분에서 자금이 부족한지, 어느 부분이 남는지를 한눈에 알 수 있다.

예를 들어, 통장 하나가 있는데 잔액이 200만 원이다. 그럼 현 상황에서 월급을 더 써도 되는지, 안 되는지 판단하기 어렵다. 그런데 똑같이 잔액이 200만 원이라도 주택자금 통장에 100만 원, 그리고 생활비 50만 원, 데이트 비용 50만 원으로 각각 나누어 관리되고 있다면 어떨까? 200만 원의 잔액에 대해 더 사용해도 될지 안 될지를 판단할 수 있다.

목적별로 나눈 통장은 내가 얼마나 아껴야 할지 아니면 얼마를 더 써도 되는지를 판단할 수 있는 계기판 역할을 해줄 것이다. 쇼핑용 통장에 남아있는 금액으로는 주택자금이나 펀드에 투자해야 한다는 부담감이나 의무감 없이 쓸 수도 있다. 과소비를 하는 건 아닐까 걱정하지 않고 마음껏 쇼핑을 즐길 수도 있다.

3단계 통장 분리법

통장을 우선 크게 3개의 큰 영역으로 나누어본다. (1)수입관리용 (2)강제저축용 (3)지출관리용으로 쪼갠다. 그리고 크게 나누어진 3개의 범위 안에서 세부적인 통장을 나누어 관리하면 기본적인 시스템이 만들어진다. 크게는 3개의 통장에서 세분시켜 총 13세트의 통장을 제안할 텐데, 부담스러울지도 모르겠다. 통장 하나도 제대로 관리하기 힘든데, 13개를 유지해보라 말하고 있으니. 어떤 전문가는 통장 4개만 있으면 된다고 하니 차라리 그 책대로 해보면 어떨까 싶기도 할 것이다.

이렇게 생각해보자. 통장 13개만 제대로 만들어놓으면 돈이 알아서 흐름을 만들어가기 때문에 처음에 시스템을 구성하는 것이 힘들 뿐, 그 다음에는 돈이 알아서 자리를 찾아간다. 그때부터는 '돈의 습관'으로 잔고가 불어난다.

지금 신용카드와 연결된 통장이라서 통장을 새로 만들기가 좀 그렇다고 생각할 수 있는데, 사용하고 있는 카드를 다른 은행 통장과 연결시키는 것은 생각보다 간단하다. 전화 한 통이면 고객님 소리 들으면서 친절하게 안내 받을 수 있다. 번거롭더라도 잠깐 시간을 내보자. 사실 통장 여러 개 만드는 것은 전혀 어렵지 않다.

다음 장부터는 3단계 분류에서 제시된 내용을 하나하나 친절하게 짚어보도록 하겠다. 처음에 통장의 흐름을 잘 설계해두면 그 다음부터는 편하게 돈의 흐름을 잡을 수 있을 것이다.

| 수입관리 영역 | **은행 상품 영역** |
| | 월급 통장(기본값) |

| | **증권회사 상품 영역** |
| | CMA 통장(월급 보관용/비상자금용) |

강제지출 영역	**은행 상품 영역**
	적금 통장(종잣돈 마련용)
	주택자금 통장(매매 또는 전세/월세용)

| | **증권회사 상품 영역** |
| | 적립식펀드 통장(종잣돈 마련용) |

	보험회사 상품 영역
	보험상품 통장(위험관리용)
	노후자금 통장(노후대비용)

| 지출관리 영역 | **은행 상품 영역** |
| | 생활비 통장 |

	증권회사 상품 영역
	Dream 통장
	이벤트(목돈지출) 통장
	Fun 통장
	자녀양육/교육비 통장
	2차 소득용 투자 통장

통장 분산(통장 쪼개기) – 월급 관리 통장 13종 세트

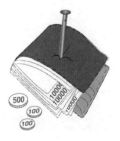

통장만 제대로 만들어놓으면 돈이 알아서 흐름을 만들어가기 때문에
처음에 시스템을 구성하는 것이 힘들 뿐, 그 다음에는 돈이 알아서 자리를 찾아간다.
그때부터는 '돈의 습관'으로 잔고가 불어난다.

1·2·3단계 절대 통장
시스템을 구축하라

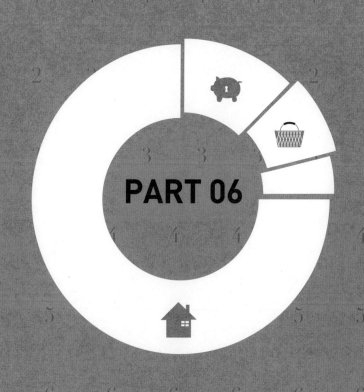

PART 06

월급 통장에서
CMA 계좌로 순간이동하자

수입이야 어차피 고정적인 것이니 특별한 관리가 필요 없고, 제때에나 들어오면 되는 것 아니냐 생각할지도 모르겠다. 하지만 처음 돈이 들어오는 단계부터 교통정리를 해주어야 진정한 월급 관리 아니겠는가.

기업에서는 생산/판매/재고를 항상 적정 수준으로 맞추기 위해 여러 가지 기법을 사용한다. JIT(Just In Time)시스템을 통해 필요한 생산량과 원자재를 준비하거나, CRM(Customer Relationship Management)을 통해 고객이 무엇을 원하는지 미리 파악하여 상품을 준비해놓는 등의 기법을 지금도 사용한다.

개인의 월급 관리에도 필요한 곳에 미리 돈의 흐름을 정해놓는 JIT시스템을 구축할 필요가 있다. 돈이 필요한 곳에 필요한 만큼을 준비해보도록 하자. 익숙해지면 특별히 신경 쓰지 않아도 돈이 알아서 자기 자리를 찾아간다. 우선 수입영역에서 월급 관리는 어떻게 되어야 하는지 살펴보자.

직장인이라면 당연히 월급 통장을 가지고 있다. 대부분의 월급 통장은 자유입출금 통장으로 이자율이 화가 날 정도로 낮다. 연 1%도 안 되는 금리를 제공하고 있으니 여기에 돈이 들어가면 시간이 갈수록 손해 보는 것이나 다름 없다. 회사에서 지정한 은행의 월급 통장에는 돈이 오래 머물지 않도록 해야 한다.

별도의 CMA 통장을 개설해 월급보관용으로 쓰자. 회사에 따라 월급 통장을 CMA로 만들어도 무방한 회사가 있는가 하면, 어떤 회사는 시중은행의 자유입출금식 예금 통장만 인정한다. 만일 월급을 CMA 통장으로 지급받는 회사에 다닌다면 회사 사장님과 회계 책임자에게 감사하라. 당신 연봉을 연 3% 정도는 올려주신 셈이니까. 통장에 잠시 머무르는 돈은 모두 CMA 통장에 넣어둬서 특별히 노력하지 않아도 연봉 3% 인상을 쟁취하도록 하자. 동시에 CMA 통장은 퇴직이나 이직과 같은 비상 상황에 대비한 통장이기도 하다.

CMA 통장 종류	RP형	환매조건부 채권에 투자하여 발생한 수익금을 이자로 지급받는 상품
	MMF형	금리가 정해져 있지 않아 플러스 또는 마이너스가 될 수 있는 상품
	MMW형	금융기관의 단기상품에 투자한 수익금을 다시 원금으로 투자하여 '복리' 효과를 보게 해주는 상품
	종금형	금리도 고정되어 있고 예금자보호도 되기에 가장 인기가 많은 상품

CMA 통장의 종류와 특징

주택자금은 안전하게 굴려라

은행의 적금 상품은 기본적인 종잣돈을 모으기 위한 안전벨트 역할을 해준다. 마음속으로 생각하고 있는 월별 투자 금액의 최소 20% 정도는 필히 적금 통장으로 흐르도록 돈의 물길을 만들어보시기 바란다.

주택자금은 사회생활을 시작하면서부터 고민되는 항목이다. 언론에서는 직장인이 월급을 한 푼도 안 쓰고 오로지 집을 마련하는 데에만 쓰는 경우, 내 집 마련하는 데 8~10년이 걸린다고 보도한다. 그러니 현실적으로 월급을 잘 관리해서 집을 사거나 전세를 얻는 것은 결코 쉬운 일이 아니다. 과거엔 신혼부부가 결혼할 때 남자 측 부모님이 멋지게 집을 사주거나 미안해하면서 전세를 얻어주고는 했는데, 최근에는 전세라도 얻어주시는 부모님이면 황송하겠다는 이야기가 나온다.

복 받아서 입에 은수저를 물고 태어난 부잣집 자녀가 아니라면 주택자금은 누구에게나 고민되는 일이다. 필자는 '재개발이나 재건축에 투자해서 대박 나세요' 하거나, '어느 지역 아파트를 전세 안고 사면 돈 벌 수 있다'는 식의 대박투자 설명은 하지 않겠다. 대신 직장인으로 살면서 현실적으로 주택자금을 어떻게 디자인해야 할지를 설명하도록 하겠다.

주택자금은 따로 떼어서 관리해야 한다

특히 대출을 얻어 집을 샀다거나 전세로 입주한 상황이라면 더욱 그러하다. 은행 대출은 연체가 안 될 때에는 처음의 약속대로 비교적 낮은 이자를 내지만 연체되기 시작하면 연체이자가 무섭게 붙기 때문이다.

주택자금과 관련하여 100% 자유로운 사람은 극히 드물 것이다. 전액현금으로 주택을 마련한 사람이라면 따로 주택자금을 신경 쓸 필요가 없겠지만 우리나라에서 그런 사람이 얼마나 되겠는가. 내 집 마련은커녕 아파트 전세금 마련하기도 힘든 세상에 살고 있지 않은가. 전세를 마련했으니 주택자금이 필요 없다고 생각할 수도 있지만, 1년 혹은 2년에 한 번씩 오르는 전세금도 무시할 수 없다. 그래서 주택자금은 강제저축의 성격을 가지고 별도로 접근해야 한다. 2년마다 돌아오는 전세 재계약 때마다 당황하지 않기 위해서 말이다.

월세의 경우에도 매년 보증금과 월세가 다시 정해지는데, 대개는 월세가 올라가기 마련이다. 이때 오갈 데 없는 신세가 되지 않기 위해서 미리 주택자금용 통장을 마련하여 준비해야 한다. 주택자금용 통장은 은행의 적금 상품이 좋다. 적립식 펀드로 추가적인 수익을 좀 얻으면 좋겠지만 적립식 펀드가 항상 수익이 나는 것은 아니기 때문이다. 투자해서 돈을 마구 불리는 것도 좋지만 만일의 경우를 대비해야 하지 않겠는가.

소비 지출을 대비한 Fun 통장의 경우에는 마이너스 수익률이 발생하면 가까운 데로 휴가지를 바꾸거나, 쇼핑을 줄임으로써 대책을 마련할 수 있다. 하지만 주택자금은 그 단위가 적게는 몇 백만 원에서 많게는 몇 억이 오가는 것이니 혹시라도 마이너스 수익률이 나면 그 타격은 막대하다.

은행의 적금 상품이 비록 이자를 많이 주지는 않지만 주기적으로 찾아오는 주택 관련 지출을 대비하는 데는 안정적이라 좋다.

월세도 대출이자다

대출이자는 집주인에게만 해당되는 것으로 생각할 수 있다. 전세로 거주하는 경우엔 전세자금 대출을 받지 않은 이상 특별히 이자를 내지 않으니까. 하지만 주거비 또는 주택자금의 측면에서 보면 100% 현금으로 집을 산 경우가 아니라면 이름만 다를 뿐 결국 모두들 대출이자를 열심히 내고 있다고 봐야 한다.

순수하게 보유하고 있던 현금으로 집을 산 사람은 별로 없다. 그래서 일부 대출을 얻어 집을 사는데, 값이 오르면 팔려고 계획한 일종의 투자용도 있고 거주용도 있다. 다시 말하면 집주인들은 대부분 대출이자를 많든

적든 내고 있다고 보면 된다.

나는 집을 살 계획이 없으니 상관없다 생각할지 모르겠는데, 집주인들이 대출이자를 내고 있다는 사실은 전세든 월세든 세입자를 통해 자신의 비용을 부담시키고자 함을 의미한다. 전세를 놓은 집주인은 전세가격이 오른다 싶으면 전세가격을 최대한 많이 받아서 그간 발생한 대출이자를 감당하려 하고, 월세를 놓은 집주인은 월세를 제때 받아서 대출이자를 갚아야 하는지도 모른다.

월세를 올려 받아서 투자한 자금을 회수하려는 것이 집주인들의 기본적인 마인드다. 부동산 가격이 마구 오르던 시절엔 집주인들이 세를 올려서 받기보다는 집값 자체가 오르면 팔려 했기 때문에 그나마 전세나 월세에 둔감했었다. 그러나 최근에는 집값이 오르지 않으니 세입자를 통해 이익을 보거나 손실을 만회하고자 전세, 반전세, 월세가 급등하고 있는 것이다. '나는 집이 없으니까 다행이다' 하고 말 일이 아니다. 집주인은 세입자인 나와 우리 가족을 통해 자신의 손해를 만회하려 한다는 점을 기억해야 한다.

이렇게 집주인의 마인드를 살펴보면, 왜 우리 집주인은 기회만 있으면 월세를 올리고 싶어 하는지 그리고 왜 월세가 조금이라도 밀리면 그렇게 전화를 하는지 알 수 있다. 결국 월세 세입자는 집주인의 대출이자를 대신 내주고 있는 셈이다.

사실 재테크 측면에서 보면 월세는 꾸준히 발생하면서 금액도 적지 않기 때문에, 그리고 전세에 비해 비율로 따지면 더 높은 금액을 지불하는 셈이기 때문에 가급적 피해야 하는 주거형태다. 예를 들어보자. 전세 1억 원짜리 집이라면 대략 보증금 1,000만 원에 70~90만 원 사이에 월세 금액이 결정되는데, 70만 원을 월세로 낸다면 1억 원을 대출받아서 전세금으로 해결하는 것에 비해 훨씬 손해가 크다.(1억 원을 빌리면 이자율 6%인 경우 한 달에 50만 원이 대출이자다.)

은행대출에 비해서 집주인에게 불필요하게 매월 20만 원을 더 내고 있는 것이니 이러한 억울한 상황을 피하고자 한다면 보증금 비율을 높여서 월세 금액을 낮추는 협상이 필요하다. 집주인의 허락 여부가 문제지만 시도해볼 만은 하다.

하지만 전세자금이라는 목돈을 마련하기 힘든 사회 초년생에게 월세 대신 무조건 전세라고 하는 것도 무리가 있다. 누군 월세가 좋아서 사는가? 그래서 직장생활을 하는 동안, 그리고 월세로 거주하는 동안에 전세자금 마련에 집중해야 한다.

한 방이 아닌
차곡차곡 종잣돈 모으기

펀드는 직장인 월급 관리의 절대강자다. 그리고 직장인의
종잣돈 마련에 최적화된 상품이 바로 적립식 펀드다. 직
장인이라면 당연히 지대한 관심을 갖고 이미 시작하고 있는 분들도 많을
것이다. 펀드는 투자자가 자금을 투입하는 방식에 따라 크게 거치식 펀드
와 적립식 펀드로 구분된다. 한 번에 목돈을 넣어두는 것을 거치식이라
하고, 매월 금액을 계속해서 넣어두는 것을 적립식이라 부른다. 즉, 적립
식 펀드는 어느 하나의 펀드에 투자자금을 반복하여 투입하는 투자방식
을 의미한다. 거치식에 비해 적립식이 직장인들의 상황에 잘 맞는 이유는
다음과 같다.

한 번에 목돈을 많이 넣어두는 것은 부담스럽다

직장인은 매월 신용카드 회사의 청구 금액과 외롭고 고독한 싸움을 계속하고 있는데, 펀드에 1,000~2,000만 원씩 통 크게 넣어둘 수 있는 여력이 크지 않다. 그리고 주식시장이 흔들리고 펀드의 수익률이 출렁이게 되면 소중한 나의 원금을 손해 볼지도 모른다.

적립식 펀드는 매월 본인이 결심한 범위 내에서 자금을 투입할 수 있기 때문에 목돈을 넣어야만 한다는 생각에서 자유롭다. 그리고 투자를 시작하기도 수월하다. 목돈 1,000만 원부터 시작하는 펀드라면 아무리 좋아도 가입하기 부담스럽다. 하지만 적립식 펀드는 그러한 제한이 없다. 조금씩이라도 넣으면 그걸로 충분하다.

주가가 오르고 내릴 때 나름의 장점이 있다

어떤 주가종목이 주당 10만 원이었는데 악재가 발생하여 5만 원으로 빠졌다가 다시 10만 원을 회복했다고 생각해보자. 이 주식을 1,000만 원어치 가지고 있던 사람은 처음의 1,000만 원이 500만 원으로 줄었다가 다시 1,000만 원으로 늘어나는 롤러코스터 탑승과 같은 경험을 하게 된다. 돈은 처음의 원금에서 변동이 없는데도 그렇다.

적립식 펀드는 이와는 대조적으로 주식값이 내려갔을 때 내려간 값에 더 많이 주식을 사두었다가 원금이 회복되면 낮은 가격에 샀던 주식

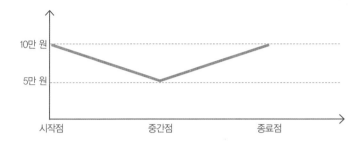

| 거치식 투자 | **시작점** 1,000만 원 투자(매입 주식수 100주×10만 원)
중간점 500만 원 보유(매입 주식수 100주×5만 원)
종료점 1,000만 원 보유(매입 주식수 100주×10만 원) |

| 적립식 투자 | **시작점** 500만 원 투자(매입 주식수 50주×10만 원)
중간점 최초 투자액 250만 원(50주×5만 원)
　　　　추가 투자액 500만 원(100주×5만 원)
　・중간점 총 금액 : 750만 원(최초 투자액 250만 원+추가 투자액 500만 원)
　・최초 투자액은 손실을 보게 되었지만, 추가 투자액으로 낮은 가격에 더 많은 수량 매입
종료점 1,500만 원 보유(매입 주식수 150주×10만 원) |

이 오른 셈이 되니 더 큰 수익을 얻을 수 있다. 잠시 위의 그래프를 보자. 위의 그래프가 바로 적립식 펀드의 장점인 코스트 에버리징 효과(Cost Averaging Effect)를 설명해준다.

　이렇게 훌륭한 코스트 에버리징 효과가 있다면 왜 전 재산을 적립식 펀드에 넣지 않을까? 위의 그림은 수익을 얻게 되는 가장 극단적인 상황이고 그 외의 상황들, 예를 들면 올랐다가 내린다거나, 계속 내려간다거나 하는 경우에는 제대로 된 효과를 얻지 못하게 되는 경우도 많이 있다.

　적립식 펀드가 모든 문제의 해법은 아니다. 그렇기에 이러한 적립식 펀드의 장점은 위험성을 줄이는 장치로서 이해해야 한다. 즉, 위험성이 아예 없는 상품은 은행의 예금과 적금, 수익률은 높이면서 위험성을 최대한 줄이고 종잣돈을 만들고자 하는 투자상품이 적립식 펀드라 이해하자.

보험, 최소 비용으로
최대 효과를 노려라

사랑하는 가족을 위한 종신보험이든 아플 때를 대비한 실손보험이든 상관없이 보험은 가입하여 안전판을 준비해야 한다. 너무 똑똑해서 계산기를 잘 두드리는 사람은 보험은 손해라며 가입하지 말라는 이야기도 하지만, 운전할 때 안전벨트를 착용하는 이유가 꼭 사고율이라는 숫자 때문은 아니지 않는가. 보험상품은 인생에 안전벨트와도 같은 장치다. 강제저축으로 유지해야 한다.

지금, 보험은 세일 중이다

같은 물건을 살 때 다른 사람보다 다만 얼마라도 낮은 가격에 살 수 있다면 기분이 뿌듯하다. 그래서 각종 인터넷 쇼핑몰이나 포털사이트에서 열심히 가격 비교를 해보기도 한다. 보험상품도 같은 물건을 살 때 더 싸게 살 수 있는 방법이 있다. 차이점은 내일보다는 오늘이 같은 물건을 더 싸게 살 수 있는 기회라는 사실이다.

🐷 30세와 40세의 보험상품 비교

다음은 삼성생명보험회사에서 제공하는 종신보험상품 견적이다.(홈페이지에 가면 스스로 계산할 수 있는 메뉴가 있다.) 사망 시 지급받는 보험금은 1억 원이고 다른 위험보장은 전혀 안 받는 것으로 동일한 조건을 만들었다. 둘의 차이점은 계약자의 나이가 30세냐 40세냐일 뿐이다.

● 30세

3 주보험정보

구분	보험기간	보험기간	가입금액	보험료
주보험	종신 ▼	20년납 ▼	10000 만 원	150,000원

합계보험료

150,000원

● 40세

3 주보험정보

구분	보험기간	보험기간	가입금액	보험료
주보험	종신 ▼	20년납 ▼	10000 만 원	203,000원

합계보험료

203,000원

같은 보장상품이라도 한 달에 내는 금액이 30세는 15만 원, 40세는 20만 3,000원이다. 금액 기준으로는 5만 3,000원, 비율로는 35%의 금액 차이가 있다. 그럼 10년 차이는 너무한 것 같으니 1년 차이는 얼마일까?

1년 차이로 계산을 해봐도 4,000원의 금액 차이가 난다. 같은 상품에 대해 1년 후에는 더 비싼 값을 지불해야 한다. 웬만한 상품은 시간이 지나면 세일도 하고 재고정리도 하니까 가격이 내려가는 게 맞는데, 왜 보험 상품은 시간이 지날수록 비싸지는 걸까?

🐷 나이를 먹을수록 불리해지는 계산법

보험회사에서 나이를 판정할 때엔 생일을 기준으로 전후 6개월을 한 단위로 하여 구분한다. 말로 하면 복잡하니 일단 그림을 보자.

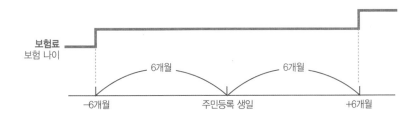

이렇게 주민등록상 생일 이후 6개월이 지나게 될 때를 보험회사에서는 상령(연령이 올라감)이라고 표현한다. 보험회사 입장에서는 30세 생일이 6개월 지난 사람과 31세 생일에서 6개월이 아직 안 지난 사람은 같은 나이라고 판단한다. 과거 빠른 76년생이 75년생과 같이 학교에 입학하던 것과 비슷하다고 보면 된다. 그래서 이왕이면 빨리 가입하는 것이 이익이

다. 같은 금액이면 더 많은 보장을, 같은 보장이라면 더 적은 금액으로 보험 가입이 가능하니까.

갱신형과 비갱신형을 구분해보자

갱신형과 비갱신형 보험의 차이는 간단하다. 갱신형 보험은 보험회사가 제품 가격, 즉 보험료를 올려 받을지 말지를(그럴 일은 거의 없긴 한데 이론적으로는 보험료를 내릴 수도 있다.) 3년이나 5년마다 결정하여 알려준다. 보험 가입자는 계약을 유지하고 싶으면 가격이 올라간 것을 받아들이고 조정된 가격, 즉 보험료를 지불할지를 결정하는 보험 계약 방식이다. 이와 반대로 한 번 가격을 정하고 나면 특별한 일이 없는 한 같은 보장에 대해 처음 계약한 금액을 계속해서 내면서 보장혜택을 받는 보험 계약 방식이 비갱신형이다.

🐷 갱신형 보험

일정 기간이 지나면 같은 보장에 대해 매달 내는 보험료의 가격을 올릴 수 있는 상품이다. 그래서 일반적인 재테크 책에서는 부정적으로 다루고 있다. 왜냐하면 처음에는 싸게 공급하다가 진짜 필요할 때엔 비싸게 받는 것 아니냐는 의심을 하기 때문이다. 소비자 입장에서도 같은 보장 내역에 대해 가격이 계속 올라간다면 반가울 리 없다. 나이가 들수록 질병이나 사고의 위험성이 더 높아질 것이고 다른 보험사에 새로 계약하려면 더 비싼 값을 내야 해서 울며 겨자 먹기로 갱신형 보험을 계속 유지해야 하기 때문이다.

또한 갱신형 보험은 기본적인 계약을 20년으로 맺고 그 기간만큼 꾸준히 보험료를 냈다고 해서 이후에 보험료를 그만 내는 게 아니다. 일명 특약이라 불리는, 어디를 다치면 얼마를 보장하고 병원비는 얼마를 지급하고 하는 세부적인 별도 계약들은 죽을 때까지 계속 돈을 내야 한다. 이게 무슨 소리인가? 여러분의 독서 자세를 고쳐 잡게 만드는 설명이다. 다시 천천히 살펴보도록 하겠다.

아래의 문구는 보험회사에서 일종의 주의사항으로 고객에게 알리는 내용이다. 상당히 어렵게 설명하고 있는데 3줄로 요약해보자.

> 갱신형 특약은 3년 만기로 갱신되어 최대 80세 계약해당일의 전일까지 보장되며, 이 경우 보험료는 80세 계약해당일의 전일까지 납입하셔야 합니다. 갱신 시에는 보험료가 인상될 수 있습니다. (단, 실손의료비보장특약(갱신형, 무배당), 암진단특약(갱신형, 무배당), 뇌출혈진단특약(갱신형, 무배당), 급성심근경색증진단특약(갱신형, 무배당)은 3년 만기로 갱신되어 최대 100세 계약해당일의 전일까지 보장되며 보험료는 100세 계약해당일의 전일까지 납입하셔야 합니다)

(1) 갱신형 특약은 보장받는 기간 동안 계속 내야 하고
(2) 갱신 시에는 보험료가 올라갈 수 있고(내려갈 수 있다는 문구가 없다.)
(3) 갱신은 3년마다 이루어진다

어떤 갱신형 보험이 주계약은 사망 시 사망보험금 5,000만 원이고, 특약은 질병통원의료비 30만 원이라 해보자. 그리고 계약은 20년 납입에 100세 만기라고 하면, 자칫 잘못하면 앞으로 20년만 열심히 보험료를 내

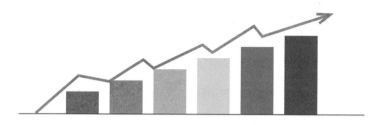

갱신형 보험의 보험료 개념도

면 끝이라고 오해할 수 있다. 실제로 사망보험금에 대해서는 20년 납입이 맞지만 특약이 갱신형이라면 100세까지 보험회사가 값을 올릴 때마다 추가 납입을 해야 한다. 지금 30세라면 주계약인 사망보험금은 20년간 보험료를 내면 임무 완수가 되지만 특약에 대해서는 50세 이후 100세까지 50년간 별도로 비용을 부담해야 한다. 앞으로 70년 동안 보험료를 내야 한다는 말이다. 생각만 해도 까마득하다.

그런데 다행히도 이러한 갱신형 보험은 가격이 상대적으로 낮다. 왜냐하면 값을 올린다 해도 무한정 올릴 수는 없기 때문이다. 만일 A라는 보험회사가 갱신형 보험의 가격을 100%쯤 올렸다 했을 때 계약자들은 '차라리 다른 보험회사에 새로 가입할까?'를 생각하게 된다. 그래서 보험사는 값을 올리기는 하지만 다른 보험회사의 눈치를 보면서 가격을 책정하게 된다. 단, ㅇㅇ생명보험회사에서 갱신형 상품의 가격을 터무니없이 올려서 문제가 된 적이 있으니 가격이 이런 식으로 확 오를 수도 있음을 유념한다.

🐷 비갱신형 보험

비갱신형 보험은 깔끔하게 가격을 정해놓은 상품이다. 나중에 상황이 어떻게 변하든 처음 약속한 금액을 서로 주고받자는 접근이다. 지금 젊은 사람들이 나이 들어 나중에 한꺼번에 보험금을 받을 때가 되면 비갱신형 보험은 보험회사 입장에서는 시간이 지날수록 재정적인 부담이 커지게 된다. 이런 이유로 보험회사들은 과거에 판매했던 상품들이야 어쩔 수 없이 유지하지만 신규로 출시되는 상품들은 비갱신형으로 가입할 수 있는 항목들을 줄이고 있다.

비갱신형 상품은 초기에 가입할 때에는 갱신형 상품에 비해 조금 가격이 높다. 60세 이전까지는 갱신형 보험보다 가격이 더 높다고 이해하면 된다. 이왕이면 처음부터 더 낮은 가격을 적용받을 수 있다면 좋겠지만 어쩌겠는가.

그래서 60세를 기준으로, 그 이후에도 계속 재정상태가 좋을 것 같다는 자신감이 있으면 처음부터 갱신형으로 가입하는 것도 좋은 방법이다. 아껴지는 금액을 다른 곳에 투입할 수 있으니까. 혹시 60세 이후에 돈을 얼마 벌 수 있는지 확실하지 않다면 비갱신형으로 정해진 기간 동안 정해진 금액만 내는 것으로 방향을 잡으면 된다. 아쉽게도 100% 비갱신형 상품들이 멸종위기의 동물들처럼 점점 사라지고 있다.

필요 없는 보험은 청산하자

🐷 80세 만기 정기보험

경기가 좋을 때 잘 팔리는 상품이 있고 경기가 안 좋을 때 잘 팔리는 상품이 있다. 정기보험이라는 것은 일정한 기간을 정해놓고 그 기간 안에 사고를 당하게 되면 약속된 금액을 지급하는 상품이다. 기간이 정해져 있다는 것만 빼고는 종신보험과 같은 상품이다.

정기보험 자체는 좋은 상품이다. 같은 보장을 받는 종신보험에 대비하여 절반 정도의 값으로도 가입할 수 있기 때문이다. 그래서 가격 대비 성능 면에서는 흠잡을 것이 없다. 문제는 정기보험의 기간을 설정할 때 발생한다.

죽을 때까지 평생 보장한다는 종신보험은 80세를 살든 100세를 살든 언젠가는 맞이하게 될 죽음의 순간까지 약속된 내용을 지키는데, 정기보험은 60세 또는 80세까지만 약속된 내용을 지킨다. 만약 80세까지 보장받는 것으로 정기보험을 가입했는데, 82세에 죽음을 맞이하게 되면 보험회사에서는 아무것도 해주지 않는다.

그래서 남성의 경우엔 종신보험이 필수적인데 경제적인 여건이 허락되지 않으면 일단은 정기보험에 가입했다가 사정이 나아지면 종신보험에 추가 가입하는 것으로 방향을 잡아야 한다.

🐷 문제 되는 옛날 보험

10년 전에 들어두었던 보험들이 지금의 보험보다 좋은 경우가 있다. 확정 이자율이 더 높기도 하고, 보장의 범위도 지금보다 훨씬 많은 경우가 그러하다. 예를 들면 암의 경우 몇 년 전까지는 암이라는 진단이기만 하면 약속된 금액을 보장받을 수 있었으나 최근의 암보험은 같은 암이라도 어느 부위냐에 따라 보장이 달라진다.

옛날 상품들 중에는 지금의 상품보다 훨씬 좋은 조건의 상품이 많기 때문에 계속 가지고 있는 것이 유리한 경우가 있다. 그런데 간혹 문제가 있는 옛날 보험도 있다. 암보험인데 60세까지만 보장해준다거나 확정이율을 보장해주는 연금을 가입했는데 이율이 은행의 예금금리보다 못하다거나 하는 상품들이 그런 경우다.

옛날에 들어놓은 상품들을 한 번쯤 점검하여 앞으로 계속 유지할 것인지, 아니면 손해보더라도 해약하여 더 좋은 상품에 가입할 것인지를 결정하도록 하자.

그러한 의사결정은 어떻게 하면 되느냐고? 주위에 가끔 당신에게 안부를 묻는 보험설계사들 계시지 않는가. 한 사람이 아니라 여러 사람에게 조언을 구해보면 공통적인 득실을 파악할 수 있다. 설계사 중에는 최근에 나온 신상품이 세상에서 가장 좋을 것이라는 이야기를 하는 사람도 있겠지만, 나름대로 객관적인 이야기를 들을 수 있을 것이다.

🐷 나중에 원금을 돌려준다는 보험

보험에 대해서는 혜택을 받지 못하면 공중으로 사라져버리는 돈이라는 인식이 강하기 때문에 보장은 보장대로 해주고 나중에 만기가 되면 만기축하금의 형태로 지금까지 낸 돈을 모두 돌려드리겠다고 하는 상품들이 인기가 좋다. 언뜻 생각하면 얼마나 고마운 일인가. 지금까지 매월 내왔던 돈을 나중에 한꺼번에 돌려준다는데 말이다.

그런데 꼼꼼하게 따져보면 두 가지 면에서 만기축하금을 받는 보험은 그다지 추천할 만하지가 않다. 첫째는 매월 내는 보험료에 이미 만기에 돌려받을 비용이 더해져 있다는 점이고, 둘째는 30~40년 후의 화폐가치를 따져보면 돌려받는 돈의 가치가 지금의 절반도 안 될 것이라는 점이다.

불필요하게 더 비싸게 돈을 내고 나중에 조금만 돌려받게 되는 구조다. 10만 원만 받으면 되는 상품에 20만 원 가격표를 붙여놓고 10% 세일해서 18만 원에 파는 것이나 마찬가지. 물건이든 보험의 보장혜택이든 제값 주고 사는 것이 현명하다. 캐시백 이런 거 좋아하지 마시라.

보험은 필요한 상품이다. 그러나 불필요한 보험은 낭비다. 보험은 삶에서 마주하게 될지 모르는 위험에 대비한 상품이다. 보장을 많이 받을수록 좋지만 보장이 많다고 해도 불필요하게 보장이 중복되거나 기간이 한정되어 있어서 정작 필요할 때 혜택을 받지 못하는 상품이라면 계속 유지해야 할지 심각하게 고민해봐야 한다. 손톱 밑의 가시, 신발 속의 돌멩이는 빼내야 하지 않겠는가.

필요한 보험과 불필요한 보험을 구분해보고 필요한 것만 선택해 외과수술하듯 도려내고 리모델링하자. 불필요한 보험을 줄일수록 그만큼 투자 여력을 만들어낼 수 있다. 보험료 5만 원을 아껴 2년 후엔 100만 원 넘는 무엇인가를 소비할 수도 있다. 보험은 비싼 상품인 만큼 잘 골라야 하고, 최대한 아껴야 하는 상품이다.

당신이 강제로 시작해야 하는 보험상품

미혼 남성 : 종신보험(또는 정기보험)

필수 아이템이다. "들어야 돼요, 말아야 돼요?"의 문제가 아니다. 그냥 들어야 한다. 왜냐고? 월급을 받고 있으니까 가입해야 한다. 혹시라도 아프거나 다쳐서 월급을 못 받게 될 경우를 대비하자는 거다. 토익점수 잘 받는 것만큼이나 중요하다. 그리고 여성들이여 보험 없는 남자와는 교제도 하지 마시기 바란다.

"난 나의 가치에 대해 준비한 것이 하나도 없답니다"를 온몸으로 표현하는 남친이니까. 나머지 보험들은 인생의 계획을 세우고 재무계획을 세우고 난 다음에 해도 늦지 않으니 우선 이것만은 우선순위에 올려두어라.

기혼 남성 : 종신보험 받고 연금상품 추가

정기보험으로 총각시절을 보냈다면 종신보험으로 업그레이드하거나 종신보험을 추가하여 경제적 위험에 대비해야 한다. 특히 가족 부양의 의무가 있는 만큼 "안 하면 안 돼요?" 류의 질문은 꺼내지도 마시기 바란다. 이유가 없다. 그냥 하는 거다. 자동차에 기름 넣는 게 즐거워서 주유소에 가는 게 아니다. 기름을 안 넣으면 자동차가 안 가니까 주유소에 가는 것이다.

연금상품은 뒤에서 다루겠다. 선택사항이긴 한데, 가급적이면 강제저축으로 편입시켜서 남들이 고민하는 노후 준비를 끝내자. 그리고 신문 기사에 나오는 한국인 장년층 몇 %가 노후 준비가 되네 마네 하는 기사를 보며 '난 다 했는데'라며 뿌듯해 하자.

독신주의 미혼 여성 : 정기보험+실손보험+연금

우선 미혼 여성은 결혼에 대해 아직 정해진 바가 없다면 실손보험을 필수적으로 하는 편이 좋다. 지금 당장은 몸이 아플 일이 전혀 없지만 나중에 몸이 아플 때 병원비 지원을 받을 수 있는 상품을 미리 구입하면 좋으니까. 그리고 특별히 재산을 물려주거나 경제적으로 생계를 책임질 의무가 없다면 거액의 종신보험보다는 가격이 조금 더 낮은 정기보험이 좋다. 왜냐하면 연금도 들어야 하니까.

걸그룹 시스타의 〈나 혼자〉라는 노래 가사에 이런 구절이 나온다. '나 혼자 밥을 먹고, 나 혼자 영화를 보고, 나 혼자 노래하고~' 이런 생활을 평생 하기로 결심했다면 국민연금+퇴직연금+개인연금이 있어야 한다.

결혼할 미혼 여성 : 정기보험+실손보험

연금을 제외하고 독신주의 미혼 여성과 같은 보험의 구성이 필요하다. 연금은 어떻게 준비하냐고? 배우자의 통장을 이용하여 연금에 가입하라. 남편에게는 미안하지만 내 돈은 나의 투자와 나의 꿈을 위해 사용하고, 나를 위한 연금은 남편 돈으로 준비하라. 남편은 그렇게 해주기 위해 당신과 결혼할 것이 틀림없으므로 미안해할 것 없다.

만일 남편이 벌어다주는 금액이 마음에 안 들기 시작하면 그때 연금을 시작하도록 하고. 명심하시라. 남편은 아무리 쥐어짜도 어딘가에서 돈이 생겨서 술도 먹고 외박도 하는 존재다.

기혼 맞벌이 여성 : 종신보험+실손보험+연금

결혼 전에는 가격이 낮은 정기보험도 괜찮지만 가정이 생기게 되면 비행기 좌석 업그레이드하듯 정기보험에서 종신보험으로의 변화가 필요하다. 왜냐하면 부양할 가족이 생기니까. 그래서 종신보험이 필요하다. 병원비를 대비한 실손보험과 나의 노후를 대비한 연금을 유지하도록 하자. 표로 정리해보자. 당신이 강제로 해야 하는 보험은 아래와 같다. 이대로만 하시면 보험은 더 준비 안 해도 문제없다.

미혼 남성	종신보험(또는 정기보험)
기혼 남성	종신보험+연금
독신 여성	정기보험+실손보험+연금
미혼 여성	정기보험+실손보험
기혼 여성	종신보험+실손보험+연금

새 연금저축으로
한번에 노후 준비하기

노후에 대해 생각도 하기 싫은 독자라면 더욱 집중이 필요하다. 연금상품 하나 가입하고 잊어버릴 수 있게 알려주겠다. 현재 국민연금과 퇴직연금이 재정이 바닥나네 마네 하는 논란이 있긴 하나 기본적인 뒷받침은 가능할 것으로 예상된다. 우리는 추가적인 부분을 준비하면 된다.

금액에 대해서는 다다익선이겠지만, 나이에 따른 연금 불입액이 적당할 것으로 보인다.(무리해서 많은 금액을 연금상품에 넣었다가 중도해지하면 아예 시작을 안 하느니만 못하기 때문이다.) 예를 들어 20대라면 매월 20만 원, 30대라면 매월 30만 원으로 연금가입액을 책정하면 무리가 없다. 20대에 20만 원의 상품을 가입하고 30대가 되면 10만 원 더 추가 가입하면 된다. 직장인이라면 시간이 지날수록 월급이 올라가므로 크게 무리가 되지 않으리라 본다.

연금상품을 왜 이렇게 젊은 시절부터 시작해야 하는지 약간 의문이 들 것이다. 당장 급하게 필요한 돈이 아니니까 나중에 천천히 해도 되지 않겠느냐 생각할 수도 있다. 그리고 사실 그래도 된다. 그런데 금액의 문제가 발생한다. 시간이 지날수록 같은 혜택을 받기 위해 더 많은 금액을 투입해야 한다.

언제 시작하는 게 좋을까?

보험회사는 가입자의 나이를 기준으로 이 사람은 앞으로 몇 년 더 살 것이라는 경험생명표를 가지고 있다. 그리고 이 표는 연금상품 설계에 활용된다. 보험회사는 '몇 년생인 사람은 앞으로 몇 살까지 살게 될 것이니 연금은 이렇게 나누어 주자'라는 계산을 매년 한다. 매년 평균수명이 연장

		3회 경험생명표 1997년	4회 경험생명표 2002년	5회 경험생명표 2006년	6회 경험생명표 2009년	7회 경험생명표 2012년
평균수명	남	68.9세	72.4세	76.4세	78.4세	81.3세
	여	78.4세	81.7세	84.4세	85.3세	86.6세
최대수명	남	103세	103세	104세	104세	110세
	여	108세	108세	110세	110세	112세
연금액 감소		약 5.5%	약 6.2%	약 10.8%	약 6%	약 5~10% 정도 예상

출처 보험개발원

경험생명표 변경 추이

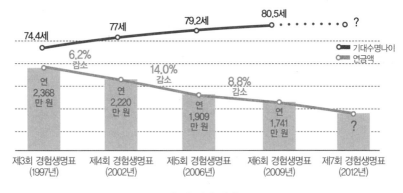

74.4세   77세   79.2세   80.5세   ?

6.2%
감소

14.0%
감소

8.8%
감소

연
2,368
만 원

연
2,220
만 원

연
1,909
만 원

연
1,741
만 원

?

기대수명나이
연금액

제3회 경험생명표
(1997년)   제4회 경험생명표
(2002년)   제5회 경험생명표
(2006년)   제6회 경험생명표
(2009년)   제7회 경험생명표
(2012년)

연금수령액 예시

됨에 따라 보험회사의 경험생명표도 바뀐다. 그래서 같은 사람이라 하더라도 올해에 가입하는 것과 내년에 가입하는 것에 늘어난 평균수명을 기준으로 각기 다른 연금액을 책정한다.

예를 들어, A라는 사람이 2010년에 가입할 때엔 보험회사에서 이 사람은 78세까지 살 것이라는 기준으로 연금을 책정했다면, 똑같은 사람이 2012년에 연금에 가입하는 경우 이 사람은 81세까지 살 것이라고 예측하게 된다. 연금으로 총 1억원을 보험회사가 준비한다고 가정할 때, 78세까지 살 경우를 대비한 월별 지급 금액과 81세까지 살 경우를 대비한 월별 지급 금액을 비교하면 당연히 78세까지로 예측한 쪽이 더 높다.

가입자 A씨가 2010년에 연금에 가입했다면 78세 이후부터 보험회사에서 받는 연금은 일종의 보너스다. 78세까지로 책정한 연금액을 78세 넘어서도 계속 지급하게 되니까. 오래 살수록 남는 장사다.

의료기술도 좋아지고 영양상태도 좋아져서 인간은 계속해서 더 오래 살 것으로 예측되고 있다. 경험생명표가 바뀌기 전에 가입해서 더 많은 금액을 보장받고 더 오래 살아서 더 많은 금액을 수령하도록 하자. 어차피 사야 할 상품이라면 조금 서둘러서 조금 더 낮은 금액으로 조금 더 많이 받는 상품을 선택하는 것이 현명한 소비다. 연금은 당신이 살아있는 동안 내일보다는 오늘이 항상 더 좋은 상품을 선택할 수 있는 때다.

새 연금저축 기초학습_ 연금계좌

2013년에 재형저축과 함께 도입된 것이 이른바 새 연금저축이다. 노후도 대비할 수 있고, 소득공제도 받게 해주는 1+1 성격이 강한 상품이다. 연금은 크게 국민연금처럼 정부에서 준비하는 영역과 퇴직연금이나 개인연금처럼 민간에서 준비하는 영역으로 나뉜다. 연금계좌는 바로 민간의 퇴직연금과 개인연금에 대해 통합하여 관리할 수 있도록 새로 기능이 추가되어 출시되는 상품이다.

① '연금저축' 하나로 관리할 수 있다

연금계좌는 다른 상품과의 혼동을 방지하기 위해 상품 이름에 무조건 '연금저축'이라는 명칭이 들어간다. 기존에는 연금저축, 퇴직연금으로 각각 명칭이 구분되어 있어서 적용되는 법률이 달라 관리에 어려움이 있었다. 새로 출시된 상품은 이러한 번거로운 구분 없이 관리할 수 있다. 명칭을 하나로 통일해 혼동을 방지할 수 있게 되었다.(이름 하나 깔끔하게 정리한 것이 무슨 대수냐 싶지만 나중에 연금 받을 때에 그 진가를 알게 된다.)

② 어느 나이에도 연금 가입이 가능하다

2012년 말까지는 연금저축은 만 18세 이상만 가입이 가능했다. 퇴직연금은 연령제한이 없었다. 이제 새로 출시된 연금계좌로 통일시킨 상품에 가입하게 되면 연령제한이 없어진다. 본인의 55세 이후뿐 아니라 사랑하는 누군가의 55세 이후의 미래를 미리 준비해줄 수 있다. 극단적으로 할아버지가 갓 태어난 손자의 55세 이후의 삶을 위해 미리 연금계좌를 개설해줄 수 있게 되었다.

③ 최소 납입기간이 줄어든다

기존의 연금보험은 최소로 납입해야 하는 기간이 10년이었다. 최소 10년간은 돈을 집어 넣어야 연금상품의 혜택을 얻을 수 있었다. 이에 비해 신상품은 최소 기간을 반 토막으로 줄여 5년으로 정해놓았다. 지금 발등에 불

현 연금저축	항목	새 연금저축
연 400만 원	소득공제 한도	동일
10년 이상 납입	의무 납입기간	5년 이상 납입
55세 이후 5년 이상	연금 수행기간	55세 이후 15년 이상
연 1,200만 원(분기당 300만 원) *퇴직연금 연 1,200만 원과 별도	납입한도	연 1,800만 원(분기당 한도 없음) *퇴직연금과 합산
저축, 보험, 펀드 별도 운용	자산운용 방식	연결계좌로 통합

변경된 연금저축 비교

이 떨어진 50대도 연금계좌를 통해 노후를 준비할 수 있게 했고, 20~30대에게는 5년만 눈 딱 감고 준비할 수 있도록 상품을 구성한 것이다.

한편, 최소 납입기간이 짧아져 좋아졌지만 수령기간에 있어서는 약간 아쉬움이 남는다. 연금 수령기간에 대한 변경사항을 보면 과거엔 5년 이상의 기간 중에서 선택할 수 있었으나 연금저축은 무조건 15년 이상으로 선택해야 한다. 길게 내고 짧게 받을 수 있는 구조를 짧게 내고 길게 받을 수 있게 바꾼 것이다. 뭐가 문제냐고?

삶은 워낙 변화무쌍한 것이라 짧고 굵게 연금을 받고 싶은 상황이 생길지도 모르지 않는가. 그래서 연금수령 기간이 길어진 것은 좋을 수도 나쁠 수도 있지만, 필자는 좋은 것 49%, 나쁜 것 51%라 생각된다.

④ 납입한도는 낮아졌다

2012년까지는 연금저축과 퇴직연금에 각 1,200만 원씩 납입할 수 있었다. 2013년부터는 이 둘을 합쳐 1,800만 원까지만 납입할 수 있게 바뀌었다. 하지만 그나마 다행인 것은 납입기간에 대한 부분이다. 기존에는 분기별 300만 원씩 1년에 총 1,200만 원을 한도로 정해놓았기 때문에 갑자기 목돈이 생긴 경우, 연금저축에 다 넣고 싶어도 분기별 한도에 걸려서 넣을 수 없었다. 2013년부터 바뀐 연금계좌 제도는 분기별 한도가 폐지되어 1년 중 아무 때나 목돈을 넣어두고 연금계좌 관리의 부담을 잊을 수 있다.

⑤ 소득공제 혜택은 변함 없다

아쉽게도 소득공제 혜택은 기존의 연간 400만 원 한도가 유지된다. 연금계좌를 통해 소득공제를 받는다 해도 역시 400만 원의 한도가 적용된다. 납입한도가 50% 늘어났으면 소득공제도 50% 정도 추가적으로 해주면 좋을 텐데, 아쉽다.

심화학습_ 어떤 연금상품이 있나?

사회 초년생의 경우, 현재 국민연금과 퇴직연금만 비자발적으로(?) 하고 계시리라 본다. 연금저축은 생명·손해보험사뿐만 아니라 은행, 증권사, 우체국 등도 판매한다. 보험사가 취급하면 연금저축보험이고, 은행이 팔면 연금저축신탁, 증권사(자산운용사)가 팔면 연금저축펀드다. 그러니 상품 구분에 대해 꼼꼼히 읽어보면 지금 당장은 아니고 만 55세가 되어 연금을 받을 때 '그래 맞아. 한 20년 전에 연금상품 들어두라 하던 그 책 덕분이다'라고 필자에게 고맙게 여길 일이 분명히 있을 것이다. 그때에도 필자는 살아있을 것으로 예상되니 필자에게 감사의 이메일을 전달해주시기 바란다.

🐷 연금저축신탁

연금저축신탁은 대부분의 자금을 안전한 예금으로 운영하고, 자투리 자금 정도를 실력껏 투자해서 수익을 노리는 상품이다. 90% 정도의 자금은 안정적인 채권에 투자해놓고 나머지 10%의 자금을 알아서 굴려보는 상품이다. 연금저축신탁은 수익률로 크게 감동을 받을 일은 없다. 대신 원금보장이 되고 예금자보호도 받을 수 있다는 은행다운 장점이 있다.

연금을 받는 기간은 사전에 정해놓아야 한다는 단점도 있다. 55세부터 연금을 받는 것으로 하고 15년 동안 연금을 나누어 받기로 했는데 15년이 지나도 너무 건강해서 앞으로 30년은 더 끄떡없이 건강하게 지낼 것으로 보인다면 대략 난감해지는 상품이다.

🐷 연금저축펀드

연금저축펀드는 일반 펀드의 속성을 그대로 따라간다. 일반 펀드가 은행의 적금보다 수익이 많을 수도 적을 수도 있는 것과 마찬가지다. 연금저축펀드는 은행의 연금저축신탁보다 수익이 많을 수도 있고 반대일 수도 있다. 펀드는 원금보장이 되지 않는다.

퇴직이 가깝게 느껴지는 사람에게는 추천하고 싶지 않은 상품이다. 하지만 아직 일한 기간보다 일할 기간이 많은 사람에게는 안 할 이유가 없다고 말씀드릴 수 있는 상품이다. 몸에 좋은 인삼이라도 누구에게는 권하고 누구에게는 금하지 않는가. 같은 연금저축펀드라도 권할 사람, 권하지 말아야 할 사람이 나뉜다.

🐷 연금저축보험

보험사에는 이미 연금상품이 수두룩하게 마련되어 있다. 은행이나 증권사에 비해 준비된 회사의 이미지 덕을 보며 연금저축보험을 취급한다. 보험회사에서는 공시이율을 적용하여 운용하므로 수익률을 놓고 볼 때 은행과 비슷하다.

앞의 3가지 상품군 중에서 무엇을 고르면 좋을까? 해마다 여름이 되면 TV나 라디오에서 비빔면 CM이 흘러나온다. 오른손으로 비비고 왼손으로 비비고. 그러나 결론은? 두 손으로 비벼도 상관없잖아. 연금저축 상품군 중에서 꼭 하나만 가입해야 할 필요는 없다. 연금을 시작한다는 점이 중요하고 보험/펀드/저축은 각자의 투자 성향에 따라 판단해야 할 문제이다.

나가는 돈에도
계획은 필요하다

지출영역은 강제저축을 제외한 나머지 부분을 어떻게 관리할 것인가에 대한 내용이다. 강제저축만으로도 이미 허리가 휜다고 생각할지 모르지만, 그래도 지출영역까지 치밀하게 계획해서 온전한 월급 관리 시스템을 이루기를 바라는 마음이 간절하다.

정기적 지출 : 생활비는 쓰기 나름이다

우리가 살아가면서 쓰는 모든 비용이 생활비라 할 수 있다. 그래서 따로 '생활비를 관리하자'는 이야기가 생소할지도 모르겠다. 친구들과 차를 마시는 것도 생활비, 자동차에 기름을 넣는 것도 생활비니까. 게다가 대출금을 갚는 것도 생활비니까, 숨 쉬고 살아가는 데 필요한 모든 비용을 생활비라 할 수도 있다.

생활비 항목은 코에 걸면 코걸이 귀에 걸면 귀걸이다. 그 때문에 관리를 안 하게 될 가능성이 높다. 그래서 오히려 관리가 필요한 항목이다. 매월 마이너스라서 월급이 전액 신용카드 회사로 들어가는데 무슨 관리냐고? 아래의 내용을 확인하고 꼼꼼하게 관리하다보면 상황이 조금 나아질 것이다. 나도 모르게 새고 있는 돈은 누구에게나 있기 때문이다.

🐷 나의 생활비 규모 점검

나의 생활비 규모를 한번 살펴보도록 하자. 여러 가지로 나눠진 생활비의 구성을 한눈에 파악해보자는 것인데, 오랜만에 빈칸 채우기 놀이를 할 시간이다.

우선 항목의 왼쪽엔 현재를 기준으로 한 달에 어느 정도 금액이 소비 또는 낭비되고 있는지를 항목별로 점검해보고, 그 옆 칸에는 목표치를 세워보자. 여기서 주의할 점은 항상 그러하듯 계획이 너무 완벽하고 세부적이면 중간에 잘 지켜지지 않는 경우 전체 계획을 포기하게 될 가능성이 높으니, 대략적인 금액만 정한다.

🐷 교통정리를 확실하게 하자

생활비 구성을 보면 매월 정기적으로 예측 가능한 항목이 있고, 매월 나의 기분 또는 맞이하는 이벤트에 따라 금액이 달라지는 항목도 있다. 평균금액이 대략 나오게 되면 그 금액만큼은 다른 돈과 섞이지 않도록 생

		현재 지출액	목표 지출액
고정지출	대출이자(월세)		
	공과금		
	통신		
	교통		
	기타		
	합계		
변동지출	외식		
	미용		
	문화생활(연애)		
	의류		
	경조사		
	기타		
	합계		

나의 생활비 구성 점검표

활비용 통장에 따로 넣어 관리해야 한다.

돈에는 이름표가 없으니 자칫 잘못하면 돈이 섞여서 '이 돈이 생활비든가? 아니면 투자용 금액인가?' 고민하게 된다. 따로 만들어진 생활비 통장에 월급을 받을 때마다 돈을 넣어서 서로 교통정리가 되도록 해야 한다.

무엇보다, 월급 통장에서 각종 생활비가 빠져나가도록 하지 말자. 가만히 두면 정말 돈들이 '알아서' 주머니에서 사라진다. 소중한 돈이 서로 뒤엉키다가 아차 하는 사이 모두 빠져나가고 만다.

🐷 생활비 통장부터 만들어라

아파트 관리비와 전기, 수도, 보험, 자동차 유지비에 대한 비용은 크게 변동이 없다. 그래서 매월 일정한 금액이 필요한데, 이러한 지출과 연결시키는 통장을 만들어두면 좋다. 혹시 아파트 관리비를 카드로 결제하고 있는가? 카드로 관리비를 내면 약간의 할인혜택이 있으니 나쁜 방법은 아니다. 아파트 관리비를 내는 카드 결제계좌를 고정비 통장에 연결하면 된다. 카드를 다른 곳에 쓰지 않는다는 전제 하에.

자기계발을 위해 학원이나 피트니스 센터에 등록할 때에도 생활비 통장에서 금액이 빠져나가도록 하기 바란다. 엄밀히 말해 자기계발은 고정적인 비용이 아닌 변동비의 성격이 강하지만 자기계발을 위한 비용도 매월 일정하게 책정하도록 하자.

일단 생활비 항목을 위한 통장을 만들고 신용카드, 현금카드 등의 결제금이 생활비 통장에서 빠져나가도록 하면 1차적인 교통정리가 끝난다. 매월 월급 통장에서 생활비 통장으로 자금을 이체시키다보면 나의 생활비가 얼마 정도 필요한지 반복학습이 가능하다. 그리고 생활비를 줄이면 그에 따른 효과를 눈으로 바로 확인할 수 있다.

예를 들어 한 달 생활비가 매월 100만 원이고 생활비 통장에 100만 원씩 넣었는데, 생활비 관리를 통해 80만 원으로 생활비가 절약되면 20만 원만큼이 통장에 남게 된다. 그 20만 원을 투자용 통장으로 옮기면 추가적인 투자가 가능해진다.

반대의 경우, 생활비가 120만 원이 나온다면 그 20만 원은 어디서 소비가 되었는지 고민하고 반성하여 다음 달에는 '줄여야 한다'는 생각을 나도 모르게 하게 된다. 월급이 일정한 상황에서 생활비 통장을 통해 월급이 어디에 어떻게 쓰이는지 명확하게 파악할 수 있다.

생활비는 월급 통장과 마찬가지로 시중은행의 자유입출금식 통장으로 따로 관리한다. 특별히 오묘한 관리 방안이 있는 것은 아니다. 왜 CMA 통장이나 펀드 통장이 아니냐고? CMA 통장은 아직까지 계좌 연결이 직접 안 되는 경우가 많다. 보험료, 아파트 관리비를 내야 하는데 CMA 계좌 연결이 안 되는 경우 번거로움만 커진다. 매월 발생하는 생활비는 자유입출금식 예금 통장으로 해결하는 편이 낫다.

비 정기적 지출 : 미래의 소비를 설계하라

🐷 Dream 통장

각자가 가진 꿈이 있을 텐데, 이 꿈을 위한 통장도 만들어보자. 지금은 다른 사람 밑에서 싫은 소리 들어가며 일하고 있지만 언젠가는 창업을 하고 싶다고 생각하는가? 혹은 퇴직하여 마음껏 취미생활을 하고 싶은가? 그렇다면 생각을 현실로 만들어주는 통장이 필요하다. 나만의 꿈을 위한 통장 말이다.

일을 하다가 다시 학업을 시작하거나 해외 MBA를 가겠다고 하는 경우에도 꿈 통장이 필요하다. 왜냐하면 꿈을 위해 집을 처분하거나 자녀양육비를 포기할 수는 없는 노릇이니까. 연금이나 생활비 통장으로 기본적인 생활의 기반을 마련하면서 동시에 내가 간직한 꿈을 위해 조금씩 자금을 모으자는 취지의 통장이다.

🐷 이벤트 통장

살아가다보면 마주하게 되는 여러 가지의 이벤트를 준비하는 통장이다. 미혼남녀는 여름휴가 기간을 활용한 여행 자금이 필요하고, 기혼한 사람은 돌잔치나 부모님 효도여행 등을 준비하는 통장으로 활용하자. 인생에서 공통되는 이벤트들이 있다. 부모님의 생신이나 본인의 여름휴가, 결혼 등이 그러하다. 물론 독신주의자라면 결혼에 대한 이벤트는 해당사항이 없겠지만. 이벤트 통장은 적금이나 적립식 펀드 상품으로 준비하면 되겠다.

🐷 Fun 통장

스스로에게 목표를 설정하고 난 다음 다른 것은 생각하지 않고 오로지 자신의 즐거움을 위해 월급을 모으고 소비하는 통장이다. 여행? Fun 통장으로! 음주가무? Fun 통장으로! 명품 가방은 뭐로? Fun 통장으로!

🐷 교육비 통장

앞으로 아이에게 제공할 교육서비스와 양육서비스를 대비해 미리 자금을 모으는 통장도 필요하다. 유치원부터 대학교까지 꽤 긴 시간동안 쓰일 돈이니 통장의 형태는 적금/펀드도 가능하고 보험상품을 통할 수도 있다. 좋은 것은 미리 준비하는 만큼 적은 금액으로 대비할 수 있다는 점이다.

요즘 세상은 판검사 되려면 로스쿨을 졸업해야 하는데, 학비가 만만한 금액이 아니다. 의사가 되려 해도 학비가 많이 든다. 좋은 직업을 구하려면 비싼 수업료가 필요한 세상이다. 과거엔 고시를 잘 봐서 개천에서 용 나는 사회였는데, 이제는 경제적 뒷받침이 없다면 좋은 직업 구하기가 힘들다. 억울하지만 자녀를 위해 자금을 미리 준비하자. 특히 자녀가 공부나 예술에 재능을 보인다면 더욱 그래야 한다.

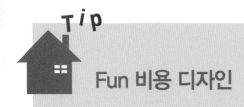

Fun 비용 디자인

무조건 안 쓰고 절약해서 노후를 준비하는 것도 바람직한 방법이긴 하지만 그렇게 살기엔 우리의 인생이 100년밖에 안 된다. 이미 지난 시간 빼고, 앞으로 아파서 병원 신세를 져야 할 시간도 빼면, 인생을 즐길 여유 시간이 길지 않다. 그렇기에 즐거움을 위한 통장이 필요하다. 따로 통장을 만들어두고 그 통장의 규모에 맞게 즐거움을 누린다면 돈 걱정 없이 순수한 즐거움을 누릴 수 있을 것이다. 이제 삶의 재미를 위한 통장을 어떻게 관리하면 좋을지 같이 고민하도록 하자.

Fun의, Fun에 의한, Fun을 위한 통장

Fun을 위한 체크카드를 만들고, 별도의 예금 통장을 만들어 연결해놓자. Fun을 위한 적립식 펀드 통장도 같이 만들면 좋다. 이 카드와 통장은 다른 근심 걱정 없이 오로지 Fun만을 위한 용도로 활용하기 바란다. 음주가무 좋아하는가? Fun 통장의 금액으로 해결하시라. 쇼핑을 좋아하는가? 마찬가지다. Fun 통장이 진리다. 훌쩍 떠나는 여행? 대답은 똑같다. Fun 통장이다. Fun 통장은 은행의 예금이나 적금, 증권사의 주식, 펀드 어느 것이나 무방하다. 만일 수익률이 생각보다 좋다면 더 큰 즐거움을 얻을 수 있고, 마이너스 수익률로 예산이 부족해졌다면 부족해진 예산에 맞게 즐거움의 기간이나 규모를 조정하면 된다. 유럽여행을 계획했는데, 수익률이 마이너스라서 고민이라고? 조금 가까운 아시아로 계획을 바꾸는 편이 현명하다. 처음의 계획대로 유럽에 가기 위해 생활비 통장에서 잠깐 자금을 위치이동(?)시키거나 할부를 이용하지 말자는 뜻이다.

Fun도 계획이 필요하다

순수한 Fun을 위한 통장에도 물론 계획이 필요하다. 월급에서 Fun에 분배하는 할당 비율을 100%에 가깝게 해놓고 '자, Fun 통장을 따로 만들어서 관리하니 나는 잘 하고 있다'고 스스로 뿌듯하게 생각하면 안 된다. Fun 통장에 투입하는 자금의 규모를 결정할 때에 미리 고려해야 하는 사항이 있는데 이러한 것들을 종합적으로 검토한 후에 의사결정을 하시기 바란다.

1) 우선순위

의식주에 필요한 생활비와 주택비용, 노후에 필요한 노후자금 등 월급으로 해야 하는 것들을 먼저 떼어놓는다. 월급으로 하고 싶은 것이 먼저가 아니라 해야 하는 것이 우선되어야 한다. 그렇게 하면 Fun 통장에 들어갈 자금이 없다고? 그래서 수많은 직장인들이 저축보다는 투자를 하고 있는 것 아니겠는가. 치열한 투자의 세계에 입문해야 한다.

2) 금액 규모

지름신에게 심하게 농락당하지 않는다는 가정 하에 여행 경비, 쇼핑 예산과 같은 즐거움들은 어느 정도 예측이 가능하다. 필요한 예산의 규모를 세울 수 있다. 해외여행 경비가 500만 원이라 하면 1년간 매월 40만 원씩 통장에 넣으면 된다. 혹시 자금이 부족하다면 매월 20만 원을 적립식 펀드로 넣고 원금 240만 원에서 어느 정도까지 불어날 수 있는지 살펴보는 것도 살 떨리면서 짜릿한 투자의 시간이 될 것이다. 그래서 240만 원이 500만 원이 된다면 하늘이 도와서 원하는 곳에 여행을 가는 것이고 만일 240만 원이 200만 원으로 줄어든다면, 1년 더 모아서 내년에는 기필코 가리라는 결심을 하거나 줄어든 금액에 맞는 여행지를 선택하면 된다. 원리는 간단하다. 그리고 어렵지 않다. 어려운 것은 원리가 아니라 실천이다.

Fun 통장을 위한 추천 상품

절대로 포기할 수 없는 즐거움이고, 우선순위도 해결하고 예산 규모도 맞춘 상태라면 은행 상품이 정답이다. 적어도 줄어들 염려는 없으니까. 예금상품도 좋고 적금상품도 좋다. 계획을 세운 대로 꾸준히 실천하면 원하는 즐거움을 얻을 수 있다. 하지만 이런 경우는 극히 드물고(이렇게 계획대로 되는 사람이라면 따로 재테크 책이 필요조차 없다.) 일반적인 상황에서는 계획 자체가 없거나 계획이 있더라도 자금이 부족한 경우가 많다.

만일, 계획 자체가 없다면 일단 계획 수립부터 하자. 집을 지으려면 설계도가 있어야 하지 않겠는가. 즐거움의 비용도 따져보고 본인의 가용예산도 확인해보자. 그리고 나서 자금이 부족한 경우를 대비하자. 과감하게 위험을 감수하고 주식에 직접 투자해서 나에게 숨겨져 있던 대박의 자질을 확인해볼 수도 있고, 적립식 펀드를 통해 꾸준한 투자가 가져다주는 효과를 맛볼 수도 있다. 주식이나 펀드는 위험한 만큼 얻는 기대수익률이 높고, 은행의 예·적금 상품은 본전 지키기에는 최고니까 잘 판단해서 선택하길 바란다.

저금리 시대를 이기는
투자를 시작하자

수입관리와 강제저축의 관리를 통해 어느 정도 기본적인 설계는 끝났다. 이제 남은 것은 월급이라는 1차 소득을 활용하여 우리가 꿈꾸는 2차, 3차 소득과 연결시키는 고리를 만들어가는 작업이다. 투자 통장을 어떻게 만들어서 어떻게 활용할 것인가?

마음속에서는 이미 2차 소득을 넘어 3차, 4차 소득까지 얻을 계획을 완벽하게 세운 독자가 많을 것이다. 일단 그런 마음을 품었다는 것 자체만으로도 필자는 보람 있다. 그런데 지금이 아닌 나중에도 계속 필자는 보람을 느끼고 싶기에 다음의 주의사항들을 밝혀두고자 한다. 2차 소득을 위해 너무 무리한 활동을 했다가 오히려 역효과를 볼 수도 있기 때문이다. 투자를 결정하기 전에 차근차근 생각해봐야 할 것들이다.

급하게 돈을 불려주는 상품은 없다

정상적인 방법으로는 원하는 만큼의 수익을 얻기 힘든 세상이 되자 대박의 유혹이 점점 심해지고 있다. 어느 외환거래(FX) 업체는 최첨단 슈퍼컴퓨터를 동원해 몇 억 원짜리 프로그램을 설치해서 하루에 2%씩 수익을 올려준다고 광고한다. 어느 펀드에 투자했더라면 3년이 지난 지금 2배가 되었을 것이라는 이야기도 들려온다. 그런가 하면 2012년 대통령을 뽑는 선거에서는 각 선거주자별로 연관된, 일명 테마주들이 대선주자의 지지도에 따라 상한가/하한가를 기록하며 투자자들로 하여금 천국과 지옥을 오가게 만들기도 했다. 과연, 급하게 돈을 불려주는 마술 같은 상품은 정말 어디에 있을까?

2013년 3월 게임업체의 김OO 대표가 FX마진 거래를 통해 1천 500억 원을 벌었다는 소식이 전해졌다. 각 경제신문에서는 김 대표가 '5,000억 원의 큰손으로 급부상했다' 또는 'FX마진을 휩쓸었다'라는 제목과 내용으로 각종 기사를 쏟아냈다. 이 뉴스를 보면 '이런 불경기에 FX는 황금알을 낳는 거위인가 보다. 나도 해볼까?'라는 생각이 든다. 다른 사람이 돈을 벌었다는데, 나라고 안 될 이유가 없지 않은가?

또 다른 뉴스도 우리의 동물적인 투자 본능을 자극시켰다. 2013년 2월에 작성된 한 기사는 삼성아세안펀드에 투자했었다면 대박이 났을 것이라는 내용으로 100%에 가까운 펀드 수익률 소식을 전했다.

우리의 심장은 뛰기 시작한다. 지금이라도 이 펀드에 들어가면 수익을 마구 얻을 수 있을 것이라는 기대감이 생기기도 하고, '왜 나는 저런 보석 같은 펀드를 미리 발견하지 못했을까?' 하는 자책감이 들기도 한다.

대박 뉴스에 흔들리지 마라

경제신문에 '누가, 어떤 펀드가 대박 났다' 류의 기사가 날 때마다 우리는 이러한 기대감과 자책감을 계속 느낀다. 그런데 잠시 생각해보자. 언론의 속성 상 경제기사도 자극적인 내용만 뉴스거리가 된다.

개가 사람을 물면 뉴스가 안 되지만, 사람이 개를 물면 뉴스가 된다는 말도 있지 않은가. 언론은 정보를 제공하면서 동시에 사람들의 호기심을 이끌어내야 한다. A씨가 은행에서 적금을 들어 연 4%의 안정적인 금리 적용을 받았다는 것은 뉴스가 안 되지만, 앞서 본 누가 FX마진 거래를 통해 1,500억 원을 벌었다거나 어떤 펀드가 3년 만에 수익률 100%를 기록했다는 것은 뉴스가 된다.

정상적인 투자를 통해 안정적인 수익을 얻었다면 흥미를 끌지 못하고 기사화가 안 되겠지만 누군가 대박 투자를 했다면 사람들은 거기에 반응한다. 기적에 가까운 이러한 대박 뉴스를 보며 너무 기대감을 가지거나 자책감을 느끼지는 마시기 바란다.

참고로 말씀드릴 사항이 있다. 금융감독원에 따르면 2009년엔 FX마진 거래에서 90% 손실이 발생했다. 손실 본 비율은 2010년 말 기준 80%, 2011년 75%, 2012년 말 65%로 FX마진 거래를 통해 손실을 볼 확률은 60%를 넘는다 할 수 있다. 그리고 펀드의 경우 대략 우리나라에 1만 개

정도의 펀드가 운용되고 있다. 뉴스가 된 펀드를 고를 확률은 1/10,000, 즉 0.0001%였다. 99.9999%의 사람들도 이 펀드를 안 골랐다. 너무 자책 마시기 바란다.

평범한 월급쟁이가 할 수 있는 투자와 거리가 먼 이야기에 휘둘리지 않기를 바라는 마음에서 잔소리가 길어졌다. 이제 본격적으로 투자영역으로 넘어가자.

2차 소득 창출을 위한 인덱스펀드

주식시장이 상승할 때에도 이상하게 내가 산 주식은 값이 오르는 것 같지 않다. 펀드도 마찬가지인 경우가 많다. 코스피 지수가 1,800일 때 펀드에 가입했다면 코스피 지수가 2,000을 넘는 순간, 구체적인 계산을 하지 않더라도 느낌상으로는 적어도 10% 이상은 펀드로 수익이 났을 것이라는 기분 좋은 예측을 하는데, 기대는 보기 좋게 어긋난다.

1,800에서 2,000으로 주식시장이 10% 이상 올랐으니 내가 투자한 펀드도 이에 따라 10% 이상 올라줘야 정상인데, 현실은 그렇지 않다. 코스피 지수의 등락과 상관없이 여전히 내가 가입한 펀드의 수익률은 마이너스이거나 10%가 아닌 1% 정도만 올라있는 경우가 많기 때문이다. 물론 종합주가지수가 10% 올랐는데, 펀드의 수익률이 20%나 올라서 깜짝 선

물을 안겨주는 때도 있을 수 있다.

인덱스펀드는 주가지수만큼도 오르지 않는 답답한 펀드 가입자들의 마음을 어루만져주기 위해 나타난 상품이다. 자세히 살펴보자.

많이 안 바라고 지수(index)만 따라가자

작년부터 본격적인 관심을 받기는 했지만 인덱스펀드는 1970년대 미국에서 시작되었다. 그 당시 미국에서 날고 긴다 하는 펀드매니저들이 열심히 머리를 굴려 주식을 사고 파는 본업(?) 활동에 충실했음에도 불구하고 그들의 평균적인 성적표가 주식시장 평균치보다 못하게 되자 충격에 빠진 미국 투자자들을 위해 개발된 상품이다.

인덱스펀드는 '펀드매니저가 실력이 없습니다'라는 고백이기도 하다. 주식시장에서 적극적으로 오를 만한 종목을 싸게 사두거나 내릴 것 같은 종목을 미리 매도하는 등의 적극적인 관리를 하지 않고 그냥 주가지수의 흐름에 따르는 소극적인 관리만 하기 때문이다.

우리나라의 경우, 화끈한 것을 좋아하는 투자 성향상 인덱스펀드는 크게 주목받지 못했지만 2013년 들어 상황이 바뀌기 시작했다. 이유는 두 가지인데, (1)화끈하게 오르고 내리는 주식은 정치와 관련되어 망하기 십상인 테마주밖에 없다. (2)종합주가지수만 따라가도 별 불만 없다, 라는 큰 깨달음이 각 투자자들에게 전파되었기 때문이다.

인덱스펀드의 설정액 추이만 봐도 이러한 변화는 쉽게 감지된다. 2009

년과 비교해 2012년에는 3조 9,390억 원에서 6조 1,130억 원으로 2배 가까이 늘었다.

Pure 인덱스펀드 & Enhanced 인덱스펀드

처음 인덱스펀드에 가입할 때에는 주가지수 정도만 오르면 불만 없겠다고 말하지만 마음 깊은 곳에서는 '그래도 조금이라도 더!'라는 생각이 든다. 이러한 투자자들을 위해 오리지널 인덱스펀드에 약간의 조미료를 더해 변형한 인덱스펀드가 있다.

아래에 개별적인 설명을 하겠으니 개인의 취향에 맞는 상품이 어떤 것인지 메뉴판 고르듯 고르시기 바란다. 참고로 금융회사에서는 조미료 무첨가 인덱스펀드에는 Pure, 조미료 첨가 인덱스펀드에는 Enhanced라는 표현을 쓴다.

단위 : %, 2001년 1월 4일~2008년 5월 5일

■ 엑티브펀드 ■ 인덱스펀드 ■ 코스피

자료 한국펀드평가 · 우리투자증권

코스피200지수와 액티브펀드(주식형), 인덱스펀드의 수익률

🐷 Pure(퓨어) 인덱스펀드

우리나라의 인덱스펀드는 종합주가지수 또는 코스피(KOSPI)200지수를 따르는 구조가 대표적이다. 종합주가지수 또는 코스피200을 구성하는 비중만큼 펀드를 구성해놓으면 그 다음에는 펀드가 알아서 종합주가지수나 코스피200을 따라간다.(보다 쉬운 이해를 위해 상황을 설정해보자면, A라는 인덱스펀드가 우리나라 종합주가지수에 등록된 모든 주식을 1주씩만 사놓는다고 하면 A펀드는 종합주가지수를 그대로 따라가는 펀드가 된다. 별로 어렵지 않다. 증권회사들이 별로 하는 일도 없다. 그래서 수수료도 싸다.)

🐷 Enhanced(인핸스드) 인덱스펀드

인덱스펀드지만 그래도 나름대로 뭔가 해봐야 하지 않겠느냐는 상품이다. 그래서 대부분의 자금은 원래 목적에 맞게 종합주가지수나 코스피200을 따라가도록 해놓고 거기서 약간 남는 자투리(?) 성격의 자금을 마음껏 굴려보는 상품이다.

펀드매니저들이 마음껏 자금을 굴린 결과가 좋으면 조금 더 수익이 나는 것이고 결과가 안 좋으면 조금 손해가 난다. 그런데 걱정할 것은 없다. 결과적으로는 Pure 인덱스펀드나 Enhanced 인덱스펀드나 크게 수익률 차이는 없으니까.

100만 원 중에서 1만 원을 떼어 마음껏 투자한다 했을 때 1만 원으로 수익이 나거나 손해가 나도 전체 원금 100만 원에 미치는 영향은 미미하다. 펀드매니저들은 이 1만 원 정도의 금액으로 열심히 실력 발휘하고 있는 셈이다.

인덱스펀드의 양면을 보자

모든 금융상품이 그러하듯 인덱스펀드 역시 장점과 단점은 분명히 있다. 먼저 장점으로는 계산이 쉽다. 종합주가지수가 1,800에서 2,000으로 올랐다면 대략 10% 조금 넘는 수익률을 기록했다고 직관적으로 알 수 있다. 그리고 수수료 역시 저렴하다. 판매하고 관리하는 금융회사 입장에서도 손이 많이 가는 상품이 아니기 때문이다. 그래서 일반적인 펀드의 수수료가 대략 2.5% 정도의 연간 수수료를 받는 것에 비해 인덱스펀드는 1.5% 정도다. 그래서 인덱스펀드는 주식시장이 화끈하지는 않아도 시간이 지날수록 좋아질 것이라 예상하는 투자자에게 추천할 만한 상품이다.

그러나 단점은 있다. 종합주가지수가 오르거나 내리지 않고 영원히 지금의 수준을 유지한다면, 극단적인 예로 2,000이라는 종합주가지수가 20년이 지난 2033년이 되어도 여전히 유지되고 있다면, 인덱스펀드는 수익이 제로다. 주식시장이 변동 없이 계속 횡보를 하게 된다면 인덱스펀드는 인(忍)덱스펀드가 될 수도 있다.

그래서 인덱스펀드는 공격적인 성향의 투자자보다는 보수적인 성향의 투자자에게 적합한 상품이다. 소중한 월급을 관리해야 하는 우리들 입장에서는 아주 좋은 상품이라 할 수 있다. 한창 회사에서 근무하고 급여를 받을 때에 계속해서 모아두면서 나중에 2차 소득이 필요한 시기에 뚜껑을 열어보겠다는 마음가짐으로 접근하면 좋다.

2차 소득 창출을 위한
목돈 관리용 ELS상품

E LS는 Equity Linked Security의 약자로 주가연계증권을 말
한다. ELS는 주가가 일정 범위를 벗어나지 않는다면 주가
가 하락해도 수익을 얻을 수 있다. 보통은 주가가 하락하면 주식/펀드에
투자한 사람들은 손실을 보기 마련인데 ELS는 일정 수준의 범위 안에서
는 주가가 하락해도 수익을 얻을 수 있다는 점이 가장 큰 매력이다.

어떻게 ELS가 그렇게 수익을 낼 수 있는지 궁금해하지는 말자. 금융공
학을 전공한 사람들이 열심히 연구해서 ELS상품에 맞게 선물과 옵션을
적절히 배합해 만든 상품이기 때문이다. 이렇게 정리하면 된다. 일정한
범위까지는 시장이 하락해도 수익을 안겨주는 상품. 단, 그 일정한 범위
안에 시장이 머물러 줄지는 미지수다.

ELS의 특성

📥 박스권에서 안심하게 해준다

주가가 한창 오르거나 내릴 때에는 투자에 대한 판단을 하는 것이 그다지 어렵지 않다. 주가가 연일 상승하는 호경기에서는 내가 주식을 사거나 펀드에 투자한 다음 날부터 시장이 급격하게 폭락할 가능성이 별로 없다. 반면, 주가가 한창 내릴 때엔 공격적인 투자자는 '더 사 모을 수 있는 기회'라며 접근할 수 있고 방어적인 투자자는 '조금 더 기다려도 된다'라는 판단을 내릴 수 있다.

고민되는 경우는 바로 주가가 '오르락내리락'하는, 일명 박스권 장세이다. 이때 처방할 수 있는 금융상품 중의 하나가 바로 ELS이다. ELS는 하락 시까지 수익을 주니 혹시 모를 시장 하락에도 견딜 수 있다.

🐷 원금보장이 되는 상품도 있다

보통 원금보장형 ELS(대체로 Knock-Out*이란 용어가 들어간다)라는 긴 이름을 가지고 있는 상품들은 원금보장이 되면서 수익도 챙겨준다는 장점이 있는데 본질은 간단하다. 아무리 주가가 하락해도 원금은 지켜지는 것이고, 만기 시점의 기초자산 가격이 시작 시점의 가격(=기준가)보다 높기만 하면 된다.

여기서 주의할 점이 있다. 이러한 원금보장형 ELS상품의 경우, 원금보

---

*ELS 용어 설명은 240쪽을 참고한다.

장의 장점을 살리기 위해 기초자산의 가격이 정해진 범위보다 너무 높게 올라가면 오히려 얻을 수 있는 수익이 줄어들도록 설계된다. 이미 눈치채셨겠지만 이러한 원금보장 방식의 상품은 그만큼 수익률이 높지 않다.

🐷 원금보장이 안 된다고 겁먹지 말자

ELS는 본질적으로 투자상품이다. 그래서 투자상품답게 원금보장이 안 되는 ELS상품도 물론 있다. 어떤 상품은 기초자산보다 조금 내려가면 원금은 지켜지지만 '한계'를 넘어선 범위로 하락하게 되면 수익률에 있어서 손실이라는 직격탄을 맞는다. 위험이 크면 수익도 큰 투자의 기본 원칙처럼, 이렇게 원금보장이 안 되는 상품은 높은 수익률로 투자에 대한 욕구를 자극한다.

원금보장이 안 된다는 위험성만 크게 보면 금융맹이 될 수 있다. 조금 더 깊이 들어가면, 원금비보장형 ELS는 주식을 직접 투자하는 것보다 하락 상황에서 더 나은 수익을 추구하도록 만들어진 상품이기 때문이다.

가령 1천만 원을 삼성전자에 투자했는데, 1년 후 삼성전자 주가가 20% 하락했다면 투자금의 20%인 200만 원의 손실을 보게 된다. 하지만 원금비보장형 ELS(가령 만기 시 삼성전자 주가가 60% 이상이기만 하면, 연 21% 수익 지급형)에 가입했다면, 오히려 210만 원 이익을 보게 된다.

ELS의 원금비보장이란 말에 덜컥 겁부터 내기보다는 이 상품을 어떻게 활용하면 되는지에 더 집중해보자. 많은 사람들이 ELS를 좋아하는 이유가 이런 것이기 때문이다.

ELS의 상품구조와 상환조건

🐷 원금보장형의 상품구조와 상환조건

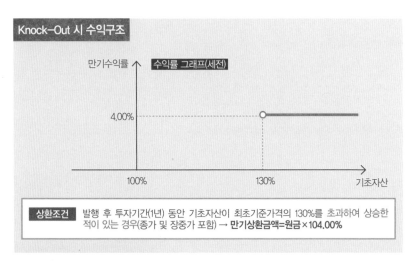

Knock-Out 시 수익구조

만기수익률 / 수익률 그래프(세전)

4.00%

100% 130% 기초자산

상환조건 발행 후 투자기간(1년) 동안 기초자산이 최초기준가격의 130%를 초과하여 상승한 적이 있는 경우(종가 및 장중가 포함) → **만기상환금액=원금×104.00%**

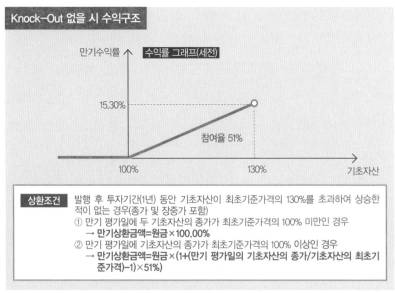

Knock-Out 없을 시 수익구조

만기수익률 / 수익률 그래프(세전)

15.30%

참여율 51%

100% 130% 기초자산

상환조건 발행 후 투자기간(1년) 동안 기초자산이 최초기준가격의 130%를 초과하여 상승한 적이 없는 경우(종가 및 장중가 포함)
① 만기 평가일에 두 기초자산의 종가가 최초기준가격의 100% 미만인 경우
　→ **만기상환금액=원금×100.00%**
② 만기 평가일에 기초자산의 종가가 최초기준가격의 100% 이상인 경우
　→ **만기상환금액=원금×(1+(만기 평가일의 기초자산의 종가/기초자산의 최초기준가격)−1)×51%)**

아래 상품은 모 증권사에서 선보였던 ELS상품의 안내문이다. 이 안내문에 의하면 1년 후 만기 일자에 기준점 대비 30%를 초과하여 기초자산이 상승하면 수익률은 연 4%로 지급된다. 극단적인 경우 주가가 2배, 3배로 오른다고 해도 수익률은 연 4%에 머무르게 된다.

세상에 공짜는 없는 법. 원금을 지키기 위한 일종의 대가라고 보면 된다. 이 상품의 최고 시나리오는 30%를 초과하지 않고 정확하게 30%까지만 기초자산 가격이 상승하는 것이다. 이 경우 15.3%의 수익률을 얻을 수 있다. 만약 만기 시 주가가 폭락했다면 손실을 감당하지 않고, 이자율 0%로 마무리하면 된다.

그때는 원금보장형 ELS를 선택한 것을 다행으로 생각하게 될 것이다. 어찌되었건 1년 후 기초자산의 주가 수준에 따라 0~15.3% 사이의 수익이 발생되며, 펀드처럼 별도의 환매 절차 없이 이자소득세 15.4%를 공제한 금액이 1주일 후쯤 증권사 통장(대개 CMA 통장)에 알아서 입금된다.

★상품구조 설명

(1) 기초자산 – 2011년 7월 6일 코스피200 종가
(2) 손실의 경우 – 없음(원금보장형이므로)
(3) 수익의 경우 – 아래 조건 중 1개에 해당하는 경우 수익 지급

　① 1년 동안 코스피200이 한 번이라도 130%를 초과하여 상승하면 수익률은 연 4%로 확정되어 만기일에 원금과 4%의 수익이 함께 지급된다.

　② 1년 동안 코스피200이 한 번도 130%를 초과하여 상승하지 않았고 상승의 범위가 기초자산 가격의 130% 이하인 경우 참여율 51%를 적용하여 수익률을 결정한다.(상승한 비율의 반 정도를 수익률로 확정시킨다는 것으로, 코스피200 가격이 1년 후 20% 상승했으면 20%×51% 해서 10.2%의 수익을 원금과 함께 지급한다.)

🐷 원금비보장형 상품구조와 상환조건

원금보장형 상품은 사실 크게 복잡하지는 않지만 원금비보장형 상품은 약간 복잡하다는 느낌을 준다. 그도 그럴 것이 원금이 보장 되지 않지만 최선을 다해서 원금을 지켜주려는 노력이 복잡한 상품구조로 나타나기 때문이다. 차근차근 이해하면 쉽다. 우선 아래의 자료와 그래프를 보자.

증권회사의 설명에 의하면 해당 ELS상품은 기초자산을 코스피200과

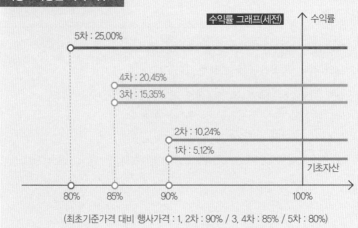

● 공모 ELS 3075호(원금비보장)

투자기간(3년) 동안 매 6개월마다 자동조기상환 기회 제공

기초자산	HSCEI, 코스피200
조기상환 여부	**미결정**
만기일	2014.07.29
원금보장 여부	원금비보장
청약기간	2011.07.26~2011.07.29

자동조기상환 시 수익구조

수익률 그래프(세전)   ↑ 수익률

5차 : 25.00%

4차 : 20.45%
3차 : 15.35%

2차 : 10.24%
1차 : 5.12%

기초자산

80%   85%   90%   100%

(최초기준가격 대비 행사가격 : 1, 2차 : 90% / 3, 4차 : 85% / 5차 : 80%)

상환조건 자동조기상환 평가일에 두 기초자산의 종가가 모두 행사가격 이상인 경우
(최초기준가격 대비 행사가격 : 1, 2차 : 90% / 3, 4차 : 85% / 5차 : 80%)
→ **자동조기상환금액＝원금(100%)+수익(연 10.24%)**

평가회차	행사가격	수익률(%)	연 수익률(%)
1차	90%	5.12	10.24
2차	90%	10.24	10.24
3차	85%	15.36	10.24
4차	85%	20.48	10.24
5차	80%	25.60	10.24

만기 상환 시 수익구조

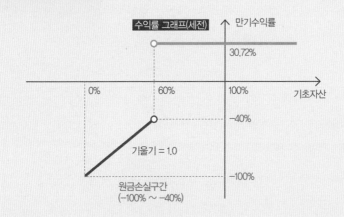

상환조건 ① 만기 평가일에 두 기초자산의 종가가 최초기준가격의 60% 이상인 경우
→ **만기상환금액＝원금(100%)×수익(30.72%)**
② 만기 평가일에 두 기초자산의 종가 중 하나라도 최초기준가격의 60% 미만인 경우
→ **만기상환금액＝원금×MIN[만기 평가일의 각 기초자산의 종가/각 기초자산의
최초기준가격] (수익률이 낮은 기초자산 기준)**

이 경우 원금손실 발생(-100%≦원금손실률<-40%)

HSCEI(홍콩증시)로 하는 3년 만기의 6개월 단위 조기상환형, 노낙인 ELS 이다. 코스피200과 HSCEI가 최초기준가 대비 90%(6개월 시점, 12개월 시점), 85%(18개월 시점, 24개월 시점), 80%(30개월 시점), 60%(36개월 시점) 이상 인 경우 연환산 기준 10.24% 수익을 지급받고 종료된다. 이런 상품은 스텝 다운(Step-down) 방식의 조기상환형 ELS라 부른다.

그러나 만기 시점의 주가가(둘 중 하나라도) 60% 아래로 추락해 있다면, 가장 많이 하락한 지수의 손실률을 근거로, 그 만큼을 손해 보고 종료된 다는 내용이다.

역시 어렵게 설명하고 있다. 쉽게 설명하자면, 기초자산은 홍콩증시 주가인 HSCEI와 대한민국의 대표기업 200개 주식의 평균가인 코스피 200지수의 주가를 기준으로 이익과 손실이 결정된다는 뜻이다.

우선 수익이 나는 경우를 살펴보자. 첫째는 3년 만기 시점에 기초자산 (HSCEI와 코스피200지수)이 −40% 이상 하락하지 않는 경우이다. 이 경우 30.72%의 수익을 원금과 함께 지급받고 종료된다.(연환산 10.25% 수익률)

둘째는 3년 만기까지 가지 않고 매 6개월마다 주가를 비교해서 조건에 해당되면 수익을 조기 지급받는 경우이다. 가령, 6개월 시점에 두 개의 기초자산(HSCEI와 코스피200지수)이 시작할 때의 주가의 90% 이상인 경우 이다. 즉 10% 이상 주가가 하락하지 않은 경우, 연환산 수익률 10.24%를 제공받으니, 6개월치 수익률 5.12%의 수익을 원금과 함께 지급받고 이 상품은 종료된다.

1년을 보고 투자했다면 6개월 만에 상품이 종료되니 아쉬움이 남게 될 텐데, 걱정할 것 없다. ELS상품은 계속 만들어져 투자를 기다리고 있다.

이 상품은 이러한 방법으로 12개월 시점, 18개월 시점, 24개월 시점, 30개월 시점별로 조금씩 낮아진 하락 조건과 비교하여, 그 이상의 주가가 되면 연환산 10.24%의 수익을 원금과 함께 지급하고 종료된다.

이 상품으로 손해를 보는 경우는 딱 한 가지 상황이다. 3년 만기 시점의 기초자산(HSCEI와 코스피200지수) 중 어느 하나라도 주가가 처음 시작할 때의 기준가 대비 −40% 이상 폭락했다면, 하락한 만큼 손실을 보게 된다.

가령, 기초자산(HSCEI와 코스피200지수) 주가가 중간에 매 6개월마다 체크하는 조기상환 조건에 해당되지도 않았는데, 만기 시점의 주가가 −40%로 하락했다면, 원금에서 40%를 손해 본다는 뜻이다.

만약 −50%로 하락했다면 원금에서 50% 손해 본다. 흔하지는 않지만, 만기 시 주가가 딱 −40%인 경우가 제일 억울할 것이다. 만약 주가가 −39.9% 하락했다면 +30.72% 수익을 받을 텐데, 0.1% 주가 차이로 인해 극과 극의 상황이 연출될 수도 있다.

ELS 용어 설명

- **기초자산** 기준이 되는 자산의 가격을 가리키며 개별 종목이나 주가지수가 많이 사용된다. 예를 들어 기초자산이 2011년 7월 6일의 코스피200 종가인 경우, 해당 ELS상품은 주식시장의 등락과는 무관하게 코스피200지수의 움직임만으로 ELS의 수익을 결정하게 된다.

- **참여율** 기초자산의 상승분을 어느 정도의 비율로 적용하여 수익률을 구할 것인가를 정하는 비율. 예를 들어 참여율이 200%인 경우, 기초자산이 10% 올랐다면 수익률은 20%로 정해진다.(200% 비율로 반영하니까.) 그리고 참여율이 50%인 경우 기초자산이 10% 올랐다면 수익률은 5%로 확정된다.(변동분의 50%만 반영하니까.) 그래서 참여율은 수치가 높을수록 수익에 도움이 된다.

- **Knock-Out** 기초자산의 상승/하락 범위가 정해진 조건을 벗어나는 경우를 가리킴.

- **Knock-In** 정해진 기초자산이 하한선 아래로 떨어질 때 새로운 구조로 수익률이 변경되는 방식.
  *주로 손실을 어떻게 반영할 것인가에 대한 내용이고, 하한선 아래로 한 번이라도 떨어지게 되면 자동적으로 새로운 구조가 적용되는 방식이다.

- **No Knock-in(노낙인)** 투자기간 중 기초자산이 하한선 아래로 떨어지더라도 마지막 만기시를 기준으로 판단하는 방식
  *중간과정이 나쁘더라도 마지막 결론이 좋으면 좋은 방식이다.
  *Knock-In은 중간과정까지 검토하지만 No Knock-In 방식은 중간과정은 무시한다. 그러나 만기 시에 주가지수가 하락했다면 손실을 보게 된다. 만기 시점이 중요하다.

ELS 관련 FAQ

01_ ELS에 투자하려면 주식시장 공부부터 해야 하나?

공부해서 나쁠 것은 없다. 대신 ELS는 주식시장에 대해 공부 안 하게 하려고 만든 상품이라는 점만 알면 된다. 아울러 기초자산이 무엇인지, 그 기초자산의 향후 전망이 어떨지는 꼭 한 번쯤 주가 차트라도 보면서 공부해보는 것이 좋겠다.

02_ ELS 초보자는 지수형을 골라야 하나?

주식시장의 고수라도 내일 주가는 알 수 없는 일 아닌가. 초보자냐 고수냐의 구분을 하는 것보다는 나의 투자 성향을 고려해서 고수익 고위험이면 기초자산을 개별 주식 종목으로 잡은 것으로 택하고, 저수익 무위험으로 선택하려면 원금보장형 ELS를 선택하는 것이 좋다.

2011년 기준으로 개별 주식을 기초자산으로 하는 경우 평균적으로 연환산 20% 이상 수익률이었고, 주가지수를 기초자산으로 하는 경우 평균적으로 연환산 10% 이상 수익률이었다. 그러나 2008년의 경우 주가지수를 기초자산으로 함에도 불구하고 연환산 20%대 수익률이었다. ELS는 주식시장의 상황(특히 과거)에 따라 지급되는 수익률이 달라지기 때문에 복불복이다.

2차 소득 창출을 위한
ELS 활용 테크닉

흔히 ELS상품 가입을 유도하는 증권사 입장에서는 '쉽게 말해 반 토막이 안 나면 무조건 수익이 납니다'라고 설명하는데 실제 주식시장에서는 이렇게 반 토막이 나는 경우가 가끔 있다. 특히 LG전자, 현대차 같은 개별 주식은 상하 움직임 폭이 크니 그렇다 하더라도, 홍콩주가지수인 HSCEI, 대한민국의 우량주 집합체 코스피200 같은 지수들도 IMF나 서브프라임 사태 같은 상황에서는 1~2년 안에도 반 토막 났었다. 물론 이 같은 상황은 자주 있지 않으며, 설령 이런 상황이 발생하더라도 원금 이상으로 복구할 비법은 있다.

그 비법은 간단한데, 만기 시점에 손해 보고 ELS가 종료되었을 때, 해당 기초자산 주식을 직접 매수하는 것이다. 예를 들어 코스피200 주가가 반 토막 나서 -50%로 손해보고 만기를 맞이했다면, 남은 50%의 돈으로 코스피200 ETF를 매수하는 것이다. 또한 LG전자 기초자산이 -50% 되었다면, LG전자를 매수하고 2~3년 정도 기다리면 원위치 이상으로 주가가 상승하게 된다.

이 방법이 가능한 이유는 ELS상품의 기초자산이 주가지수형 또는 초우량 주식회사들로 구성되기 때문이다. 초우량주급 주식은 비록 시장 상황에 의해 주가가 반 토막 날 수는 있어도, '언젠가 제 위치' 또는 그 이상으로 상승하는 힘을 갖고 있다. 특히 지수에 해당되는 코스피200 같은 경우, 지난 20년간 주가가 반 토막 나는 일이 두 번 발생했는데, 그 이후 1~2년 안에 그 이상으로 상승했다. 원금비보장형 ELS를 선택할 때 원금 손실이 두렵다면 기초자산이 지수형인 ELS를 고르고, 혹시라도 반 토막 손실을 보게 되었다면, 이 점을 꼭 참고로 활용하자. 다음은 투자 성향에 따라 ELS를 고를 때 고려하면 좋을 기준 지침이다.

어떠한 경우에도 원금손실이 있으면 안 되는 경우

당연히 원금보장형 ELS에 가입해야 한다. 다만 이러한 원금보장형 ELS상품들은 대부분 1년 만기 상품이니 자금이 1년 동안 묶여 있어야 한다는 것은 미리 알아두어야 한다. 만일 1년이 지난 시점에서 주식시장이 폭락하였다면 원금보장 상품을 선택한 투자 감각에 스스로 박수를 보낼 수 있을 것이다. 원금보장형 ELS는 은행의 예금과는 다른 매력이 있다. 가장 큰 특징은 원금을 지키면서도 은행 이자보다 높은 수익을 낼 수 있다는 점이다. 1년 정도를 보관해도 되는 자금이라면 해볼 만하다. 최악의 경우 은행예금 이자 수준인 4% 이내의 수익을 거둘 뿐이니까.

원금 손해를 10~20% 이내로 한정하고 싶은 경우

원금부분보장형 상품으로 접근해볼 수 있다. 예를 들어 교보증권에서 2012년 말에 판매한 ELS 상품은 2가지 특징을 가졌다. 95% 원금부분보장형에 연 15% 수익 추구라는 점이다. 원금이 100% 보장되면 좋겠지만, 보통의 경우 90~95%까지는 원금이 보장되는 상품들이니, 크게 위험성을 느낄 수준은 아니다. 대신 수익은 잘 되는 경우 연 15%를 기대해볼 수 있다는 점이 좋아 보인다.(참고로 오해하실까봐 밝혀둔다. 필자는 ELS 영업사원이 아니다.) 나름대로 과감하게 10~20% 정도까지는 손실을 감당할 수 있는 강심장을 가지고 있다면 해볼 만한 상품으로 추천한다.

연 10% 이상의 나름대로 높은 수익률을 바라는 경우

원금비보장형 조기상환형 ELS를 선택하면 된다. 대신 만기는 가급적이면 3년 이상의 기간인 상품으로 고르고 기초자산은 개별 주식 종목보다는 주가지수를 선택해야 한다. 변동성 측면에서 개별 주식 종목보다는 주가지수가 조금 더 안정적으로 움직이기 때문이다. 원금비보장이다. 신중히 판단하라.

ELS는 적립식보다는 목돈의 안전한 운용을 위해 적합하다. 그러니 월급 관리를 통해 쌓이게 되는 목돈의 관리를 위해 활용하면 좋다. 목돈을 꾸준히 불리고자 할 때 ELS상품을 추천한다. 적립식 투자를 통해 종잣돈이 모이게 되면 일정 금액을 ELS를 통해 잘 불리시기 바란다.

붉은 여왕은 "네가 앞으로 가고 싶다면 지금보다
두 배는 더 열심히 뛰어야 한다"고 말한다.
레드퀸 효과는 '오늘 쉬면 내일은 오늘 몫까지 해야 한다는 것과
오늘 쉬면 내일은 그만큼 뒤쳐진다'는 의미를 갖는다.

돈이 따라붙는
삶을 살아라

PART 07

Chapter 01

시간도 소비되고 있다

재테크에 있어 시간은 매우 중요한 요소로 작용한다. 특히 투자는 장기적인 관점에서 시간의 힘을 통해 복리의 효과를 얻는 것이 중요하다. 수많은 자기계발서에서 목표를 이루기 위해 시간을 효율적으로 사용하라는 조언을 하고 있는데, 재테크에서도 시간의 효율적인 사용이 필요하다. 이는 분명한 사실이다.

시간도 소비하는 대상이라고 보면 얻을 수 있는 것이 많다. 이제 시간의 효율적인 사용을 통해 얻을 수 있는 것들을 정리해보자.

72 복리의 마법

72는 복리가 가진 시간의 마법을 가장 잘 설명하는 숫자일 것이다. 72라는 숫자를 통해 나의 자산이 2배가 되는 기간과 수익률을 계산해볼 수 있다. 예를 들어 수익률이 6%인 경우, 자산이 2배가 되는 것은 72÷6=12로서 12년 후에는 자산이 2배로 된다. 수익률이 12%라면 72/12로 자산이 2배 되는 기간이 6년이면 된다. 이러한 방법으로 자산을 2배로 늘리고 싶을 때 어느 정도의 수익률이 필요한지도 계산할 수 있다. 10년 안에 자산을 2배로 늘리고 싶다면 72/10을 통해 7.2%의 수익률을 얻어야 한다는 결론을 얻을 수 있다. 직관적으로 복리의 법칙을 이해할 수 있는 숫자가 있어 다행이다.

복리의 중요한 요소는 수익률과 시간이다. 수익률은 통제하기 어렵다. 다만 위험분산을 통해 주어진 상황에서 최적의 조합을 만들어낼 수 있을 뿐이다. 하지만 시간은 전적으로 통제가 가능하다. 재테크의 시작 시점을 오늘로 할지, 내년으로 할지 결정할 수 있다. 같은 수익률이 얻어지는 상품이라면 가급적 조금이라도 일찍 시작해야 더 짧은 시간 안에 목표한 결과를 얻을 수 있다.

최소 비용, 최대 효과

1억 혹은 10억을 모으려면 어떻게 해야 할지 정리된 표를 보자.

금액	수익률	기간	원금
20만 원	12%	15년	3,600만 원
50만 원	12%	9년	5,400만 원
240만 원	12%	3년	8,640만 원

1억 만들기 프로젝트

금액	수익률	기간	원금
20만 원	12%	35년	8,400만 원
120만 원	12%	20년	2억 8,800만 원
500만 원	12%	10년	6억 원

10억 만들기 프로젝트

각각의 경우 기간이 가장 길면 원금이 최소로 된다는 것을 발견할 수 있다. 말 그대로 최소 비용으로 최대의 효과를 얻어낼 수 있다. 투자할 수 있는 금액이 무한정이라면 이런 식의 계산을 안 해도 되지만 월급으로 해야 하는 것들을 모두 준비해야 하는 상황이라면 이러한 계산을 통해 최소의 비용만으로 원하는 결과를 얻어야 한다.

전세계 소녀들이 각종 오디션 프로그램에서 종종 부르는 그 유명한 노래, 뮤지컬 〈애니(Annie)〉의 주제곡 〈Tomorrow〉는 이런 가사다.

내일이 되면 태양이 뜨니까. 그러니 내일까지 기다려 보아요. 어떤 일이 와도 오, 내일을 사랑해! 항상 하루만 지나면 되니까.
(The sun'll come out tomorrow So you gotta hang on till

tomorrow Come what may Tomorrow! Tomorrow! I love ya,
tomorrow You're always a day away)

오늘이 지났으니 이제 당신이 계획한 목표를 이룰 날이 하루 줄었다. 하루가 쌓여서 한 달이 되고 1년이 되는 것도 잘 알 것이다. 그리고 그 1년이 모여 일생이 된다. 더 이상 무슨 설명이 필요할까.

레드퀸 효과(Red Queen Effect)라는 것이 있다. 『이상한 나라의 앨리스』 속편 격인 『거울나라의 앨리스』에 나오는 이야기다. 앨리스는 아무리 달려도 제자리에 머물고 있는 것이 이상해 붉은 여왕(Red Queen)에게 이유를 묻는다. 그러자 붉은 여왕은 "네가 앞으로 가고 싶다면 지금보다 두 배는 더 열심히 뛰어야 한다"고 말한다. 레드퀸 효과는 '오늘 쉬면 내일은 오늘 몫까지 해야 한다는 것과 오늘 쉬면 내일은 그만큼 뒤처진다'는 의미를 갖는다.

혹시 오늘 하루를 그냥 보냈는가? 그럼 내일은 오늘 못한 것만큼 더 노력해야 한다. 시간은 공평하다. 정확히 30년 후에 당신은 지금보다 30살 더 많은 사람이 되어 있을 테니까. 그리고 그 나이가 되었을 때 다른 사람의 호의를 구해야 하는 사람이 될지 호의를 베푸는 사람이 될지는 오늘 이후의 선택들이 좌우할 것이다. 오늘이라는 시간은 당신에게 현명한 소비였는가? 아니면 낭비였는가? 결과는 30년 후에 알게 된다.

Chapter_ 02

재테크는
내 인생에 대한 예의다

항상 월급은 부족하고 아쉽다. 그리고 재테크를 잘해서 수익률 50%, 100%의 상품을 찾는 것은 거의 불가능하다. 그래서 '무슨 부귀영화를 누리겠다고. 재테크해서 뭐해? 머리만 아프다'라는 생각을 하게 될지도 모른다. 옳은 말씀이다. 머리만 아플 수도 있고 부귀영화를 누릴 수 없을지도 모른다.

월급의 주인으로 살아가는 것은 사실상 쉽지 않다. 이미 점령군처럼 나의 통장에는 마이너스 통장, 신용카드 할부, 현금서비스 등이 자리 잡고 있으니까. 월급이 들어오는 순간, 그들은 나의 월급을 점령하여 싹쓸이해 가고 있기 때문이다.

돈의 주도권은 이미 그들이 가지고 있다. 그들은 정해진 날짜에 한 치의 오차도 없이 1원 단위로 나에게서 돈을 가져간다. 내가 일해서 얻은 결과가 그냥 그들을 배불려준다는 것이 마음에 들지 않는다. 그래도 어쩔 수 없다고 포기해야 할까?

노예는 고민하지 않는다

주인이 아닌 노예로 사는 것은 일단 마음이 편하다. 특별히 고민할 것이 없다. 재테크에 있어서도 노예로 살아가는 것은 마음 편하다. 매월 금융회사가 정해주는 금액만 납부하고 남은 돈을 즐겁게 소비하면 된다. 이번 달에도 그러하고 다음 달에도 그렇게 하면 마음은 편하다.

마음이 편하면 그게 바로 천국 아니겠는가. 그래서 금융회사가 내주는 숙제만 풀다보면 표현이 과격하기는 하지만 주인이 아닌 노예로 살아가게 된다. 스스로 무언가를 할 필요도 없다. 월급이 300만 원인데, 금융회사의 숙제인 200만 원을 해결하고 나면 나머지 100만 원이 남는다. 이 돈으로 인생을 즐기면 만사형통이다.

그런데 굳이 월급의 주인으로 살고자 한다면 어려운 일이 한두 가지가 아니다. 지금까지의 소비습관을 고쳐서 금융회사가 점령군이 되지 않도록 해야 하고, 나의 돈을 어떻게 잘 굴려서 불려나갈 수 있을 것인가에 대한 정보도 찾아보고 실행해야 한다.

회사 일을 하는 것만으로도 충분히 피곤한데, 새로운 투자 정보도 알아내야 한다. 이럴 바에야 쉽게 가자는 생각이 든다. 월급 받고, 신용카드 회사에 돈 내고, 남은 돈으로 삶을 즐기는 생활로 돌아갈까 싶은 마음도

든다. 하지만 그렇게 살아도 정말 괜찮을까?

주인은 노예의 인생에는 관심이 없다

정상적으로 노예가 시키는 일을 잘 하는 동안에는 주인은 특별히 노예를 괴롭히지 않는다. 문제는 노예가 아파서 일을 제대로 못하는 경우인데 이때 관대한 주인은 편하게 쉬게 해주면서 다시 건강을 회복하도록 기다려줄지도 모른다. 그런데 나쁜 주인은 노예가 아프면 딴 곳으로 팔아버린다. 주인 입장에서 노예는 노예일 뿐이고, 자산으로서 활용될 뿐이다.

금융회사의 노예처럼 사는 것도 이와 다르지 않다. 물론 금융회사는 칼을 들고 당신에게 나의 노예가 되라는 식으로 이야기하지 않는다. 친절한 목소리로 '고객님, 이번 달에 납부하실 금액은 얼마입니다'라고 안내해준다.

만일 회사생활을 하다가 몸이 아파서 일을 그만두어야 하는 경우, 금융회사가 '고객님, 몸이 완쾌되실 때까지 돈을 안 갚으셔도 됩니다'라고 할까? 대출이자를 못 내고, 신용카드 대금이 밀려도 기다리겠다고 하는 아주 인간적인 금융회사가 있느냐는 말이다.

금융회사는 당신의 인생에는 관심이 없다. 평생 금융회사의 빚을 갚아나가다가 노후자금이 부족하거나, 주택대출금을 다 갚지 못했는데 직장을 잃게 되어도 금융회사는 오로지 사용금액 결제, 대출금 회수에만 관심을 가진다. 심한 경우, 집을 경매에 넘기지 않는가.

금융회사가 나쁘다는 것이 아니다. 단지 금융회사는 노예로 충성을 바쳐온 우리의 인생에 그다지 관심이 없다는 사실을 확인할 뿐이다. 성실하게 금융회사의 명령에 따른다면 카드 사용 한도가 늘어나고 이자율이 조금 낮아지는 정도의 혜택만 누릴 수 있을 뿐이다.

내 월급의 주인이 누가 되어야 할지 결정해야 한다. 나의 인생에 가장 관심 있는 것은 누구인가? 바로 나 자신이다. 내가 가진 목표와 꿈이 어떤 것인지 가장 잘 아는 이도 나 자신이다. 그렇다면 내 월급은 내가 원하는 대로 통제할 수 있어야 하지 않겠는가. 소비와 저축의 균형, 현명한 월급 관리를 통해 나의 뜻대로, 내가 원하는 대로 살아가도록 준비하자.

Chapter_ 03

수익률 200% 이상의
소비를 하라

투자상품 중에서 수익률이 200% 이상 나올 수 있다면 분명히 대박급이다. 그런데 이러한 대박은 의외로 가까운 곳에 있다. 숫자로 표시되는 통장이 아닌, 세상에서 가장 소중한 나의 인생에 투자하는 소비다.

월 10만 원으로 월 100만 원 아끼기

피트니스 클럽에 등록하려면 대략 월 10만 원 정도가 필요하다.(요새는 워낙 불황이라 더 싸게 해주는 곳도 많고, 집 근처에 시립이나 구립 문화체육센터에서는 상당히 저렴한 가격에 회원을 모집한다.) 이렇게 지출된 월 10만 원은 건강수명을 늘려주는 역할을 한다.

이제 한국인의 평균수명은 80세 이상이다. 그런데 평균수명보다 더 중요한 것이 바로 건강수명이다. 나이 들어 아프기 시작하면 마치 도미노의 한쪽을 무너뜨린 것처럼 연쇄적으로 아프게 된다. 젊은 시절 관리를 잘한 경우라면 아프기 시작하는 나이와 연쇄반응을 차단할 수 있는데, 관리를 안 한 경우라면 걷잡을 수 없다. 나중에 아파서 병원 신세를 지게 되면 열심히 재테크해둔 보람도 없이 많은 돈이 의료비로 지출될 것이다. 아무리 의료비 혜택이 늘어난다 해도 상황은 크게 달라지지 않을 것이다.

그래서 지금부터 월 10만 원 투자해 미래의 월 100만 원을 아끼라는 조언을 해드린다. 굳이 건강수명 같은 골치 아픈 문제를 생각하지 않더라도 일단 운동을 하면 좋다는 것은 너무나 잘 알지 않는가.

집 근처의 피트니스 클럽에 등록부터 하자. 오전 6시에서 밤 12시까지 운영되므로 그 안에 운동할 시간은 짬을 내면 언제든 가능하다. 이 책을 읽은 깨어있는 독자라면 월 10만 원 투자로 수익을 제대로 거둘 수 있을 것이다.

급하지 않아도 필요한 자기계발을 하라

자기계발에 드는 비용은 적지 않지만 수익률을 제대로 가져다주는 투자다. 자신의 인생이 정해져 있어서 앞으로 어떠한 발전도 할 필요 없이 지금 이대로 흘러가기만 하면 된다는 사람이라면 필요 없는 이야기겠지만 그러한 직장인이 과연 얼마나 많이 있겠는가. 사람의 내일 일은 아무도 모른다는 것이 필자의 생각이다. 내일 어떤 일을 맡을지 모르기 때문에 어떤 일이 닥쳐도 그에 대처할 수 있는 실력을 갖추어야 한다고 필자는 생각한다.

필자는 수출팀에 근무할 때 외국어는 오로지 영어만 할 줄 알았다. 학생 때 나름 취미로 일본어를 공부하기는 했었는데 잘하는 수준은 아니었다. 그래서 어느 날 일본 지역 담당자가 공석이 되었을 때 '제가 하고 싶습니다'라고 자신 있게 손을 들지 못했다. 그때 '일본어를 좀 더 열심히 공부했어야 하는데' 하며 엄청나게 후회했다. 그래서 일본어 공부를 다시 했다.

거기서 끝이 아니다. 대학원을 졸업하고 박사과정에 들어가니 영어시험 외에도 제2외국어 시험을 봐야 한단다. 이때 필자는 속으로 '앗싸! 일본어 시험 보면 되겠구나'라며 쾌재를 불렀다. 사람 일은 모른다. 원래의 업무와 관련된 자기계발은 당연히 해야 하는 필수 항목이다. 이외에 필요하지 않을 것 같더라도 혹시 모르니까 하는 게 있다면 그것도 보험 드는 차원에서 같이 시작하면 좋겠다. 사람 일은 모르는 것 아니겠는가.

계급장 떼도 남을 인맥을 쌓아라

직장인들이 가장 신경 안 쓰는 것이 인맥이기도 하다. 회사에 소속되어 있을 때엔 굳이 인맥을 쌓아서 도움을 얻거나 도움을 주거나 할 일이 없기 때문이다. 자신에게 주어진 책임과 권한 내에서 업무 처리를 하면 되니까 특별히 인맥에 신경 쓸 필요가 없다.

하지만 죽을 때까지 회사 다닐 수 있으신가? 아니리라 본다. 그래서 미리 인맥을 쌓아두는 노력이 필요하다. 물론 회사 내에서도 인맥은 중요하다. 특히 승진할 때 주위의 평판이 중요한데, 저 사람은 사교성에 문제가 있다는 이야기가 나오면 안 되기 때문이다. 일종의 사내정치 측면과 승진 관리 측면에서 사내 인맥은 잘 쌓아둘 필요가 있고, 더하여 당신이 갑의 위치에서 대하는 하청업체의 사람과도 좋은 인맥을 쌓을 필요가 있다.

필자는 수출부서에 소속되어 있을 때 쌓은 인맥들이 주로 유럽 사람들이었다. 심지어 슬로베니아 사람과도 인맥을 쌓았는데, 회사를 그만두고 나서는 모두 공중으로 사라져버렸다. 재무 설계를 하는 사람 입장에서 유럽 사람을 만나 재무 상담을 해줄 일은 없으니까. 필자의 사례는 약간 극단적인 것이고, 일반적으로는 국내에서 인맥을 쌓게 되니 사내, 사외를 막론하고 두루 성실하게 인맥을 쌓기 바란다. 이에 따른 비용은 좋은 수익률로 나중에 돌아올 것이다.

대부분은 언젠가 회사를 나와 독립적인 자신의 사업을 하게 될 텐데, 이때 힘이 되고 고객이 되어 주는 이는 그동안 잘 쌓아놓은 인맥이다. 처음 보는 사람이 단골이 될 확률보다는 그래도 서로 알고 있는 사람이 단

골고객이 되어 줄 확률이 높지 않겠는가. 닭을 튀기고 맥주를 팔거나, 회사를 차려 다른 기업과 비즈니스를 하게 되거나, 규모에 상관없이 사람이 자산이다. 핵심은 회사생활하는 동안 알게 된 사람들이 음으로 양으로 힘이 되어 준다는 사실이다.

이들을 위해 지출하는 인맥비용은 투자이다. 사실 인맥을 쌓을 목적이라면 거금이 들어가지 않는다. 유흥주점에 가서 같이 어깨동무하고 노래를 부르지 않아도 된다. 지금 당신이 갑의 입장이라면 명절에 아주 작은 선물만 보내도 을은 감동받을 것이다. 원래 을이 갑에게 보내는데, 오히려 갑이 나에게 선물을 보내다니, 작은 성의에 감동한 을이 당신을 좋게 홍보해줄 것이다. 게다가 이런 경우는 뇌물도 아니다.

Chapter_ 04

현재 통장 잔고에
만족하는가?

지금의 통장 잔고에 만족하는가? 이 질문이 중요한 이유는 현재의 통장 잔고에 만족한다면 지금까지 읽은 이 책의 내용들은 참고사항이 될 뿐이기 때문이다. 통장 잔고가 만족스럽지 않다면 지금까지의 소비와 투자에 무언가 잘못된 점이 있다는 것을 인정해야 한다.

결핍은 성공의 밑거름이다

조개가 진주를 만들어내는 것은 안으로 들어온 모래를 밀어내기 위한 노력의 과정이 있었기 때문이다. 그냥 조개가 편안하게 껍질 안에서 생활한다면 진주는 생기지 않는다.

또 다른 이야기가 있다. 어느 대학의 실험실에서 개구리를 가지고 실험을 해보았다. 한 개의 비커는 개구리가 살기 좋은 온도에서 서서히 물을 가열했고, 또 다른 비커는 펄펄 끓는 물에 개구리를 넣어보았다. 결과는 달랐다. 서서히 물을 가열한 비커의 개구리는 처음부터 물이 펄펄 끓을 때까지 비커에 앉아 있다가 죽었다. 반면 처음부터 끓는 물에 넣었던 개구리는 '앗 뜨거!' 하면서 비커 밖으로 튀어나와 살 수 있었다.

무엇이든 현재의 상태에 만족하는 것이 얼마나 무서운지 알려주는 이야기이다. 현재 상태를 그대로 수용하기보단 문제의식을 갖고 덤비는 것. 부족하다는 것은 그것을 채우기 위한 동력이 될 수 있다. 현재의 통장 잔고에 무언가 불만이 있고 만족스럽지 못하다는 것은 분명히 좋은 신호다. 이제 바꿀 수 있으니까.

만일 불만만 가득하고 그 불만을 변화가 아닌 체념이나 푸념으로 이어지도록 스스로를 내버려두고 있다면 아무 소득이 없을 것이다. 삶의 괴로움이 당신을 갉아먹지 못하도록 지금의 결핍을 변화의 동력으로 삼아 이겨내기 바란다.

상상하라! 자신의 모습을

많은 자기계발 서적에서 저자들은 무언가 간절히 원하면 그것을 이루게 된다고 말한다. 어떤 이는 간절히 원하는 것이라면 전 우주가 도와줄 것이라고도 하고, 또 어떤 이는 공식으로 정리하여 실현(Realization)하려면 생생(Vivid)하게 꿈을 꾸어야(Dream) 한다고 조언해준다.

필자는 꿈을 이루는 주문은 믿지 않지만, 별똥별을 보고 소원을 빌면 이루어진다는 말은 믿는다. 별똥별에게 신비한 힘이 있는 것이 아니라 그 짧은 순간에 그것을 보고 소원을 빌 정도라면, 그 만큼 간절히 원하는 무엇인가가 있기 때문이라고 생각한다.

이 책을 통해 알려주는 재테크는 자신이 상상하는 모습을 이루기 위해 필요한 도구다. 단순히 10억 만들기 목표를 설정하고 돈 모으기에 집중하는 것이 아니라 어떻게 살아갈 것인지 고민하고, 이에 대한 미래 계획을 세우면서 꼭 필요한 돈을 준비한다면 우리가 바라는 모습에 좀 더 쉽게 가까워질 테니까.

돈을 벌기 위해 살아가는 삶이 아니라, 보다 잘 살아가기 위해 돈이 존재해야 하니까. 여러분이 아직 도달하지 못한 모습부터 명확하게 그려보자. 무언가 되고 싶은 것이 있어야 그 모습이 되도록 노력하지 않겠는가.

이제 상상하시기 바란다. 원하는 만큼 소비를 할 수 있게 되고, 원하는 만큼 통장에 잔고가 있다면 어떤 모습으로 지내고 싶은지를 말이다. 그게 시작이면서 마지막이다.

Thanks to

1. 필자가 감사하고 있다는 것을 모르시는 분들

① **노원창일교회 박여호수아 목사님** 올바른 신앙을 유지할 수 있도록 매주 어려운 고민을 던져주신다. 참고로 필자의 얼굴은 전혀 모르신다.

② **서강대학교 하영원 교수님** 마케팅원론 과목을 통해 새로운 세계를 경험하도록 해주신 분이다. 1학년 공대생 후배들에게는 A를 주시고, 2학년 경영학도였던 필자에게는 C를 주셨던 공정함은 보너스였다. 인정한다. 그때는 놀기만 했었다.

③ **한성대학교 박사과정 교수님들** 너무나 용감했던 필자가 겸손한 마음으로 공부할 수 있도록 자극을 주셨다. 한 가지 명제를 증명하기 위해 여러 가지 논문과 이론이 필요함을 가르쳐주셨다.(부동산학과의 이용만 교수님과 백성준 교수님 & 경제학과의 권혁제 교수님과 박승록 교수님께 특히 감사드린다.)

2. 필자가 감사하고 있다는 것을 아는 분들

① **아내 박정희** 인생의 친구이자 동반자인 사랑하는 아내 박정희에게 감사한다. 밤새 글 쓴다고 집에 안 들어가도 안 혼내서 더욱 고맙다. 미안하다. 사랑한다. 그리고 아빠와 딸이 티격태격할 때 심판 봐줘서 고맙다. 대부분은 딸의 편을 들기는 하지만.

② **늦둥이 딸 우하영** 6살 딸답게 집안의 애교와 웃음 담당이다. 초등학교 입학 전임에도 불구하고 영어유치원, 태권도학원, 바이올린학원 3종 세트를 통해 교육비 마련의 중요성을 항상 일깨워줘서 고맙다. 음악적 재능은 없는 것으로 서로 합의하자. 그리고 하영아, 앞으로 우리 싸우지 말자.

③ 그리고 못난 아들을 위해 기도하시는 필자의 모친 김성숙 여사와 효자이면서 성실한 직장인인 우용민 군에게도 겉으로 표현은 못하고 있지만 항상 감사한 마음이다. 천국에서 아들을 응원하고 계실 아버지께도 감사드린다.

가장 큰 감사는 하나님께 드린다. 매번 책을 낼 때마다 집필하는 데 필요한 지식과 경험을 허락해주심에 또한 감사드린다.

절대 배신하지 않는

돈의 습관

펴낸날 초판 1쇄 2013년 5월 2일 ㅣ 초판 2쇄 2013년 10월 10일

지은이 우용표

펴낸이 임호준
이사 이동혁
편집장 김소중
편집 윤은숙 장재순 나정애 김민정 권지숙 임주하
디자인 이지선 왕윤경 ㅣ **마케팅** 강진수 김찬완
경영지원 나은혜 박석호 ㅣ **e-비즈** 표형원 이용직 유영경

기획 김영혜
인쇄 자윤프린팅

펴낸곳 북클라우드 ㅣ **발행처** ㈜헬스조선 ㅣ **출판등록** 제2-4324호 2006년 1월 12일
주소 서울특별시 중구 태평로1가 61 ㅣ **전화** (02) 724-7639 ㅣ **팩스** (02) 722-9339

ⓒ 우용표, 2013

ISBN 979-11-85020-01-3 03320

• 이 도서의 국립중앙도서관 출판시도서목록(CIP)은 서지정보유통지원시스템 홈페이지(http://seoji.nl.go.kr)와
  국가자료공동목록시스템(http://www.nl.go.kr/kolisnet)에서 이용하실 수 있습니다.
  (CIP제어번호: CIP2013003680)